[1001 photos]

Les châteaux
[1001 photos]

Conçu et réalisé par Copyright
pour les Éditions Solar

Textes : Françoise Bayle

Création graphique : Gwénaël Le Cossec

Mise en pages : Jacqueline Leymarie

Coordination éditoriale : Matthieu Sublet

Fabrication : Thomas Lemaitre

Photogravure : Frédéric Bar

ISBN : 978-2-263-04840-1
Code éditeur : S04840
Dépôt légal : mai 2009
Imprimé en Espagne

Les châteaux
[1001 photos]

SOLAR
EDITIONS

Sommaire

De l'Antiquité au Moyen Âge

Du VIIe au XVe siècle

Du XVe au XVIe siècle

Du XVIIe au XXe siècle

De l'Antiquité au Moyen Âge

Les colonnes du Grand Escalier du palais de Cnossos (Crète, 1700-1400 av. J.-C.). Leur forme tronconique inversée est caractéristique. À l'origine en bois, elles furent reconstruites en béton au début du XXe siècle.

Les palais du monde gréco-romain

En construisant des palais, les souverains de l'Antiquité grecque et romaine affirmaient haut et fort, dans la pierre, la suprématie de leur pouvoir. Rongés par le temps ou détruits par les hommes, peu ont survécu. Mais leurs ruines témoignent encore de ce fastueux passé.

Les plus anciens témoignages d'une architecture palatiale du monde gréco-romain sont à chercher du côté de la Crète. Les nombreux palais, édifiés à partir de 2 100 av. J.-C., sont toujours organisés autour d'une vaste cour rectangulaire. Lieux de résidence, ils constituent également des centres religieux et économiques : nombre de pièces sont réservées aux cultes, tandis que d'autres servent d'entrepôts. Pour des raisons encore non élucidées – séismes, éruptions volcaniques –, ces palais furent plusieurs fois détruits et reconstruits. Leur conception visant à se protéger d'une trop forte luminosité et des chaleurs accablantes, ainsi que l'existence de latrines, de salles de bains, d'égouts, de puits de lumière et de fresques pittoresques attestent un réel art de vivre.

Vers le XVe siècle av. J.-C., la civilisation mycénienne, du nom d'un des royaumes indépendants qui règnent alors sur le monde grec, donne le jour à de nombreux palais qui s'organisent autour d'un mégaron, ensemble composé d'un hall, d'un petit vestibule et d'une grande salle du trône, salle à foyer central circulaire entouré de quatre colonnes.

Connus pour leur « fièvre bâtisseuse », les empereurs romains édifièrent à partir du Ier siècle de notre ère nombre de palais et de villas dans tout l'Empire, bientôt imités par de riches notables.

1

2

Cnossos (Crète) est le plus grand palais minoen conservé. Il fut découvert et restauré – abusivement, selon certains – au début du siècle par sir Arthur Evans. En haut [1], l'entrée nord, reconstituée, et la fresque du taureau. Des fresques décoraient de nombreuses salles : ici, la fresque des Griffons dans la salle du trône [2].

1

2

3

4

Parmi les fresques polychromes très gaies de Cnossos, des porteurs de rhytons, à l'allure et au costume typiquement crétois [1], des dauphins [2] et [3] et la fameuse scène de tauromachie où trois personnages se livrent à des joutes pacifiques [4].

À Phaistos (Crète), on a identifié un autre palais dont il ne reste que des ruines (1700-1450 av. J.-C.). On a retrouvé sur ce site un grand nombre de céramiques, telles ces deux grandes jarres sculptées et des pithoi, destinées à conserver des denrées.

À Zakros (Crète, vers 1650 av. J.-C.) [1] et Malia (Crète, 1900-1450 av. J.-C.) [2] et [3], deux palais furent édifiés dans des matériaux plus pauvres qu'à Cnossos. À Malia, les murs en briques crues étaient dépourvus de fresques ou de placages de gypse.

S'apparentant à des forteresses, les palais mycéniens ont un appareillage dit cylopéen : pour les Anciens, seuls les légendaires cyclopes avaient pu déplacer des pierres aussi énormes. Ici, la porte des Lions à Mycènes (Grèce, 1350-1250 av. J.-C.) [1] et [2] ; linteau et jambages en pierre pèsent plus de 20 tonnes. Le motif des lions affrontés vient du Proche-Orient.

[3] à [6] Surplombant la rive occidentale de la mer Morte, la forteresse naturelle de Massada (Israël, Ier siècle ap. J.-C.) surplombe un vaste désert. Elle abritait le luxueux palais d'Hérode. Dernier bastion de quelques nationalistes juifs irréductibles lorsque la province de Judée devint romaine, elle fut l'objet d'un siège long et coûteux en constructions pour les Romains. Pour ne pas avoir à se rendre, les assiégés de Massada se donnèrent la mort.

4

5

6

« Une nuée noire et effrayante, déchirée par des vapeurs incandescentes formant des sinuosités et des zigzags, s'ouvrait pour donner de longues traînées de feu... On entendait les gémissements des femmes, les vagissements des bébés, les cris des hommes. » Ainsi s'exprime Pline le Jeune dans une de ses lettres, pour évoquer l'éruption du Vésuve...

1

2

... en 79 av. J.-C., qui ensevelit d'un coup trois cités de Campanie, dont Pompéi. Mosaïques [1], peintures et sculptures décoraient certaines des plus belles villas, comme dans l'atrium de la maison des Vettii où un lararium stuqué et peint figure le génie du *pater familias* entouré de deux lares, tandis que le serpent goûte aux offrandes funèbres [2]. [Page de droite] Le faune en bronze découvert dans l'un des impluviums d'une villa lui a donné son nom.

1

2

3

À Pompéi, péristyles et atriums successifs de la maison du Faune [2] ont livré nombre de mosaïques. La maison de Ménandre a conservé son atrium [3] et son calidarium [1], avec son décor de peintures, de mosaïques et de stucs.

1

2

Le jardin du péristyle de la maison des Vettii [2], à Pompéi, a pu être reconstitué grâce aux empreintes des racines dans la terre.
La villa des Mystères, du IIIe siècle av. J.-C., est peut-être l'un des édifices les plus imposants qui nous soient parvenus : sur les murs de sa « salle de la grande peinture », une fresque représente un cycle d'initiation au culte dionysiaque [1].

Construite entre 125 et 135, la villa de l'empereur Hadrien à Tivoli fut conçue comme une sorte de « conservatoire » où seraient évoqués certains monuments qu'il avait tant admirés au cours de ses périples à travers l'Empire.

La poésie des grandes ruines de Tivoli, dans cet admirable paysage de la campagne romaine, témoigne de l'opulence et du luxe de la cour impériale.

Bassins, promenoirs, gymnase, portiques, pavillons, bibliothèques, palais impérial, nymphée, fontaines, cours, thermes, canal, temple, places, théâtre, bien que ruinés pour une bonne part, composent des tableaux rehaussés de statues et de colonnades d'une parfaite harmonie.

Lieu de débauche et symbole de la personnalité exaltée de Néron, la *Domus aurea* fut construite entre 64 et 68 à Rome. Elle était d'un luxe inouï. Certains historiens évoquent, outre les fresques et les stucs dorés, des revêtements en or (d'où son nom), en pierres précieuses, en nacre ou en ivoire. Cette villa à portiques située au centre d'un parc somptueux était ouverte sur l'extérieur, et non ramassée autour d'un péristyle comme dans une villa classique.

Après la mort de Néron en 68, ses successeurs firent construire de nombreux édifices à l'emplacement de la *Domus aurea*. On n'a donc conservé que certaines parties, très ruinées, du site, ici la salle octogonale.

Des sept collines de Rome, le Palatin est le berceau de la ville. À partir d'Auguste, elle devint le lieu de résidence des empereurs qui y firent construire de somptueux palais aujourd'hui ruinés comme ici la *Domus Augustana*.

Après avoir abdiqué en 305, l'empereur Dioclétien se retira dans le palais qu'il avait fait bâtir à Split, sur la côte dalmate, en Croatie. À la fois forteresse, ville avec ses rues et ses sanctuaires, et résidence de prestige, c'est l'un des monuments les mieux conservés de l'Antiquité tardive.

Au fil du temps, la ville de Spilt s'installa dans les murs du palais de Dioclétien : maisons particulières, boutiques et restaurants côtoient ainsi certaines parties du bâtiment.

[1] Vers 402 av. J.-C., Denys l'Ancien décida de construire, à l'intérieur d'une enceinte d'une trentaine de kilomètres, une forteresse, le castello Eurialo, destinée à protéger Syracuse, à une dizaine de kilomètres de là.
[2] et [page de droite] Du plus grand fort de l'âge de fer en Europe, Maiden Castle (Angleterre), construit vers 500 av. J.-C., ne restent que les traces des impressionnants terrassements successifs équipés de remparts et de fossés qui ne suffirent pas à repousser les Romains en 43 av. J.-C.

Construit au Vᵉ siècle, le palais de Sigiriya, au Sri Lanka, est l'un des plus spectaculaires d'Asie. Pour y accéder, un escalier, représentant la tête et les pattes d'un énorme lion, avait été taillé dans la falaise.

Des palais antiques, loin de la civilisation gréco-romaine

Comme pour les rois et les empereurs de l'Antiquité gréco-romaine, les palais édifiés par les souverains antiques qui régnèrent à partir du Iᵉʳ millénaire avant notre ère sur des contrées plus orientales se voulaient les manifestations de leur pouvoir, de leur autorité et de leur légitimité...

Mais ces palais ont généralement eu quelque peine à traverser les siècles. Les guerres, l'usure du temps, les crues, les pillages ainsi que les matériaux dans lesquels la plupart étaient édifiés finirent par en venir à bout : quand la pierre était rare, donc réservée aux monuments religieux, les résidences palatiales étaient construites en briques cuites, comme dans l'ancienne Perse. De plus, liées à un roi ou, au mieux, à une dynastie, elles étaient souvent régulièrement abandonnées au profit d'une nouvelle capitale et donc de nouveaux palais.

Leurs ruines permettent cependant d'imaginer leur ampleur et leur magnificence. Exigeant une main-d'œuvre importante et qualifiée, ces palais attestent la constitution, dès cette époque, d'une autorité forte et hiérarchisée, capable de travaux de grande ampleur, les difficultés techniques de telles entreprises ajoutant encore à leur prestige. Avec des moyens techniques forcément rudimentaires, ces souverains étaient capables d'organiser la manipulation et le transport de grandes quantités de matériaux, la mise en œuvre de décors somptueux exécutés dans des matériaux coûteux venus de loin par des artisans chevronnés, parfois recrutés dans les populations récemment vaincues. Ces luxueuses résidences constituaient ainsi un formidable écrin destiné à impressionner courtisans, sujets et visiteurs étrangers.

[1] Les forteresses qui assuraient la protection du royaume de Van entre 850 et 600 av. J.-C. (Turquie), restent parmi les plus spectaculaires au monde.

[2] C'est Cyrus II le Grand qui décida d'établir sa résidence d'été dans le Fars, à Pasargades (Iran), à 1 900 mètres d'altitude, entre 550 et 530 av. J.-C.
[3] C'est là que le roi perse fit édifier son tombeau de son vivant.

Persépolis (Iran), la « cité des Perses », fut élevée entre 545 et 515 av. J.-C. Ses ruines se réduisent à une haute terrasse dominant la plaine sur fond de montagnes avec, ici et là, colonnes et portes colossales.

Au centre de Persépolis, l'Apadana ne servait peut-être qu'une fois par an lorsque les différents peuples de l'empire apportaient leur tribut...

... Cette cérémonie est sculptée sur les murs et les escaliers menant aux différentes plates-formes. Des soldats perses en bas relief évoquent les 10 000 « immortels » qui formaient la garde royale.

L'arche de Ctésiphon, du nom du souverain sassanide Khosrô Ier, pour lequel elle fut construite en Irak vers 550-560, est en fait ce qui reste d'une salle voûtée qui était la salle du trône d'un palais dont ne subsiste qu'une moitié de façade à colonnades.

Ville grandiose fondée entre le désert et l'Euphrate par Seleucos Nicator, général d'Alexandre qui reçut la Syrie à la mort du grand roi, vers 300-280 av. J.-C., Doura-Europos et sa citadelle furent laminés au IIIe siècle par les Perses sassanides. Depuis, une partie de son enceinte a succombé à l'érosion du fleuve.

Conçue selon un plan en damier, la forteresse de Doura-Europos a conservé quelques-unes des vingt-six tours carrées qui flanquaient l'enceinte, des portes, des maisons, des temples, des marchés, des casernes, des bains publics et le palais du gouverneur. Une synagogue avec des fresques admirables a été ainsi conservée, prise dans les remblais préalables au siège.

1

2

La citadelle royale de Sigiriya, au Sri Lanka (473-491), est juchée sur un piton rocheux : des bâtiments, cours et citernes disposés sur des terrasses artificielles, il ne reste quasiment rien. Dominant des jardins avec leurs canaux et leurs bassins [3], elle ne fut occupée que pendant le règne de Kassapa Ier. On y accède par des escaliers monumentaux [1] et [2].

3

À Teotihuacan (Mexique), site précolombien à une quarantaine de kilomètres de Mexico, le palais du Quetzal-Papillon [1] et le palais des Jaguars [2] formaient, avec le temple de Quetzalcoatl, la pyramide du Soleil et la pyramide de la Lune, un vaste centre cérémoniel austère et grandiose.

Du VIIe au XVe siècle

Ramassé sur son étroite arête rocheuse, le château de Peyrepertuse (Aude, XIIIe siècle) s'adapte parfaitement aux aspérités du site naturel.

En France : de la motte médiévale au château fort

Construits par des seigneurs à la tête de vastes domaines ou par les rois, et adoptant des plans variés de plus en plus sophistiqués, les châteaux forts symbolisent de façon éclatante le pouvoir des uns et des autres tout en assurant, dans les périodes troublées, la défense de leur territoire.

Apparu autour de l'an mil, le château fort est lié à l'organisation féodale de la société médiévale avec suzerains et vassaux : les premiers assurent protection et justice contre redevances et corvées, dont celle, de participer au terrassement des premières mottes féodales. Constituées d'une tour en bois installée sur une motte, elles sont protégées par des enceintes successives de terre pourvues de palissades et séparées par des fossés. Dans la basse-cour s'agglutinent les bâtiments utilitaires, la chapelle et la maison du seigneur.

Le temps passant, la tour en pierre se substitue à celle en bois. Autour d'elle se développe un ensemble massif de murailles de plan géométrique, surmontées de merlons et de créneaux – les mâchicoulis –, et pourvues de contreforts, d'échauguettes et, souvent, de tours de flanquement. Hourds de bois, encorbellements de pierre, bretèches, archères, niches de tir, ponts-levis, barbacanes et châtelets d'entrée complètent ce dispositif comme autant d'installations permettant l'observation et le guet, l'usage de l'arbalète et de l'arc. Les modes de construction se perfectionnent pour des motifs d'efficacité mais aussi d'esthétique : voûtement des étages des tours, utilisation des bossages ou des chaînages de pierre. Le plan, souvent géométrique, doit parfois s'adapter aux contraintes du site choisi pour son inaccessibilité.

L'enceinte du château d'Angers (Maine-et-Loire, XIIIe siècle) est scandée par une succession de dix-sept tours alternant ardoise et tuffeau. C'est ici qu'est conservée la fameuse Tenture de l'Apocalypse (fin du XIVe siècle).

Ruines du château de Coucy (Aisne, XIIIe siècle) [1], détruit par les Allemands en 1917, et du château de Domeyrat (Haute-Loire, XIIIe siècle) [2].
[3] Le château de Saumur (Maine-et-Loire, XIIe-XIVe siècles) , dont la silhouette se reflète dans la Loire, est l'un des premiers à être pourvu d'une grande vis : cet élément de décoration permet de distribuer tous les étages du bâtiment, et donc de transformer l'ancienne forteresse en résidence palatiale.

[1] et [3] Sur son socle de pierre, le château de Murol (Puy-de-Dôme, XIVe siècle) dresse son austère silhouette à quelques kilomètres de Saint-Nectaire.
[2] Érigée au XIIIe siècle, la tour de l'Horloge est un des nombreux éléments qui constituent le château de Chinon (Indre-et-Loire), resté dans les mémoires en raison de la visite de Jeanne d'Arc à Charles VII en 1428.

1

2

3

Dominant le lac d'Annecy (Haute-Savoie), les forteresses médiévales d'Annecy [1] et de Menthon [2] furent toutes deux agrandies et transformées au cours des siècles. Le château d'Annecy abrite un musée ainsi que l'observatoire régional des lacs alpins.

À près de 800 mètres d'altitude, le château du Haut-Kœnigsbourg (Bas-Rhin, à partir du XIIe siècle) en grès rose d'Alsace présente un plan complexe. Il fut restauré et même reconstitué au début du XXe siècle à la demande de Guillaume II.

[Page de droite] Sur son piton rocheux, la tour-beffroi ou Bergfried d'Ortenberg (Bas-Rhin), élevée au XIIIe siècle, fut pourvue à sa base d'une enceinte polygonale à archères.

Parmi les « châteaux cathares » situés dans les Corbières, le château de Quéribus (Aude, XIIe-XIVe siècle) est considéré comme le dernier îlot de la résistance cathare : son siège, en 1255, marque la fin de la croisade contre les Albigeois. Il rentre alors dans le royaume de France et devient...

... un élément essentiel du dispositif de défense français. Trois enceintes successives protègent le donjon polygonal réputé pour sa salle gothique d'apparat dont la voûte sur quatre croisées d'ogives repose sur un pilier puissant s'épanouissant en palmier.

Dans les Corbières également, le « château cathare » de Peyrepertuse (Aude, XIIIe siècle) allonge sa silhouette étroite sur son piton rocheux : le site escarpé allié aux éléments de défense lui confère un caractère inexpugnable.

Pourtant, son gouverneur préféra négocier sa reddition auprès de Simon de Montfort en 1217. Rattaché à la Couronne, il fut presque entièrement reconstruit par l'administration royale au milieu du XIIIe siècle.

[1] Au bord de la Rialses, la forteresse rectangulaire à tourelles d'Arques (Aude, fin du XIIIe siècle) est flanquée sur la gauche d'une partie basse, le logis, seulement pourvue de baies géminées situées très en hauteur.

[2] Autre « château cathare », Aguilar (Aude, à partir du XIe siècle) rentre dans le domaine royal sous le règne de Saint Louis qui l'agrandit considérablement.

Situés tous trois dans l'Aude, et du XIIIe siècle, Puilaurens [1], Saissac [2] et Lastours [3] dominent le paysage des vestiges de leurs donjons, de leurs tours et de leurs remparts. Sur son éperon rocheux, le site de Lastours réunit quatre châteaux.

[Double page suivante] À 600 mètres d'altitude, Puivert (Aude, XIIIe siècle) a conservé cinq de ses huit tours de flanquement et trois portes ; la principale est surmontée d'une tour carrée. Derrière son allure austère, le donjon abrite de belles salles voûtées décorées de sculptures dont plusieurs figurent des personnages en train de jouer d'un instrument de musique.

1

2

3

Les ruines de Châteauneuf-du-Pape (Vaucluse, XIVe siècle) [1], une des résidences champêtres des papes jusqu'en 1377, date du retour de la papauté à Rome, celles de la forteresse des Baux-de-Provence (Bouches-du-Rhône, à partir du XIe siècle) [2] qui se confond presque avec l'éperon rocheux sur lequel elle est campée, et le château de Suze-la-Rousse (Drôme, XIIe–XVIe siècle) [3], dont l'aspect fortifié cache bien les charmes d'une résidence de plaisance, comme en témoigne sa cour à l'italienne, et qui abrite désormais l'Université du vin.

En Dordogne, la forteresse médiévale de Beynac (Dordogne, à partir du XIIIe siècle), perchée en haut de sa falaise calcaire, domine le cours de la Dordogne.

Rival de Beynac, son voisin, Castelnaud (Dordogne) fut complètement démantelé par Charles VII pour être reconstruit au XVᵉ siècle. Il abrite le musée de la Guerre au Moyen Âge.

À Bourdeilles (Dordogne), deux châteaux occupent l'éperon dominant la Dronne : un château médiéval et son donjon octogonal du début du XIVe siècle [1] et [3] ; un château Renaissance aux fenêtres à meneaux réparties sur trois niveaux soulignés par un bandeau [2].

[Double page suivante]
Le château de Najac (Aveyron, XIIIe siècle), édifié par Alphonse de Poitiers, aligne des courtines d'une hauteur exceptionnelle (26 mètres) qui s'ajoutent au caractère vertigineux du site naturel.

[1] Pourvu d'une enceinte par Vauban, le château royal de Collioure (Pyrénées-Orientales, XIIe-XVIIe siècle) domine le rivage de sa masse imposante.

[Page de gauche] Édifié à partir du XIe siècle, le château de Belcastel (Aveyron), qui surplombe le village et l'Aveyron, fut restauré par l'architecte Fernand Pouillon à partir des années 1970.

1

2

3

[2] et [3] D'abord possession des Templiers, le château de la Couvertoirade (Aveyron, XIIIe siècle) passa au début du XIVe siècle à l'ordre de Saint-Jean de Jérusalem lorsque les biens des Templiers furent confisqués et leur ordre supprimé par Philippe le Bel.

[1] Forteresse à l'extérieur, magnifique palais à l'intérieur, le palais des Papes à Avignon (Bouches-du-Rhône, XIVe siècle) est un joyau de l'architecture civile gothique.
Situées tous deux dans le Gard, la forteresse de Beaucaire [2] (XIIIe siècle) et le fort Saint-André de Villeneuve-lès-Avignon [3] (XIVe siècle) furent tous deux commandités par les rois de France pour surveiller le Rhône.

[1] Deux châteaux forts (XIIIe et XIVe siècles) composent le château de Roquetaillade en Gironde.
[2] Lancées vers le ciel, les tours du château d'Aiguèze (Gard, XIe-XIIIe siècle).
[3] À Uzès (Gard, à partir du XVIe siècle), le château ducal domine la cité de ses trois hautes tours : celle du roi, celle de l'évêque et celle des ducs, la tour Bermonde, seule visible ici.

[1] À La Rochelle, la tour Saint-Nicolas (Charente-Maritime, XIVe siècle), de plan pentagonal, constitue à elle seule une véritable forteresse à l'entrée du port.
[2] Dominant la ville de ses trois tours crénelées, le château de Foix (Ariège, XIe siècle) se dresse fièrement sur son piton rocheux.
[3] Sur l'île d'Yeu (Vendée), les ruines du Vieux-Château (XIe-XVIe siècle) se confondent avec l'éperon de granite qui le supporte au bord de l'océan.

En Bretagne, les châteaux de Chateaubriant (Loire-Atlantique, XIVe-XVIe siècle) [1], de Dinan (Côtes d'Armor, XIIIe-XVe siècle) [2] et de Vitré (Ille-et-Vilaine, XIIIe-XVe siècle) [3] sont autant d'exemples d'architecture militaire médiévale, même s'ils peuvent cacher derrière leurs remparts de magnifiques éléments Renaissance, comme à Chateaubriant.

Toujours en Bretagne, l'imposant château de Fougères et son exceptionnelle enceinte (Ille-et-Vilaine, XIIIe-XVe siècle) [1], le fort La Latte (Côtes-d'Armor, XIVe-XXe siècle) édifié dans un site qui domine la mer de plus de 60 mètres [2], et le château de Suscinio (Morbihan, XIIIe-XVe siècle) [3].

[1] À Falaise (Calvados, XIIe-XIIIe siècle), le château est dominé par la tour Talbot, de 30 mètres de haut, édifiée sur ordre de Philippe Auguste. [2] En Seine-Maritime, il ne reste que des ruines du château d'Arques-la-Bataille (XIIe-XVIe siècle). [3] Quant au château de Caen (Calvados), il fut édifié par Guillaume le Conquérant au XIe siècle.

1

2

3

[1] et [page de droite] Installé sur un promontoire escarpé dominant un méandre de la Seine, la forteresse de Château-Gaillard (Eure, XIIe siècle) est dominée par son donjon cylindrique entouré d'une double et impressionnante enceinte.
[2] et [3] À Gisors (Eure, XIIe-XIIIe siècle), l'enceinte semi-circulaire enserre le donjon central de plan polygonal ; au-delà des jardins, la porte du Gouverneur ouvre sur la basse-cour.

En région parisienne, les témoignages d'architecture médiévale sont nombreux : à Provins (Seine-et-Marne, XIIe siècle), la Grosse Tour dite « de César » [1] ; à Paris, sur les bords de la Seine, la Conciergerie (XIIIe-XIVe siècle) [2] et [3]...

4

5

6

… et le château médiéval du Louvre (XIIe siècle) [4] ; à Vincennes (Val-de-Marne, XIVe siècle), avec son donjon, tour flanquée de quatre tourelles cylindriques, édifié par Jean le Bon puis Charles V [5] ; à Blandy-les-Tours (Seine-et-Marne, XVIe siècle), avec sa forteresse récemment restaurée [6].

Créneaux et mâchicoulis pour le château de Leeds (Maidstone, Kent, Angleterre, à partir du IXe siècle), construit au bord de la rivière Len.

Des châteaux forts dans toute l'Europe

Durant le Moyen Âge, les châteaux forts se multiplient dans toute l'Europe, selon des modèles essentiellement français. Tous visent au fil du temps une certaine perfection des formes et des plans, et une conception rationnelle de la résidence. Ici encore, la fonction symbolique de tels édifices n'est pas en reste.

On connaît, dès le XIe siècle, des mottes féodales en Angleterre ou dans les pays germaniques, par exemple. À partir du XIIe siècle surgissent dans la plupart des pays européens de grandes tours qui allient des fonctions défensives et symboliques à un usage résidentiel : c'est là que se répartissent, sur plusieurs étages, grande salle, chapelle et chambre. Si leurs formes sont variées et de plus en plus sophistiquées, le modèle de la tour cylindrique imposé par Philippe Auguste a tendance à se diffuser et à s'imposer partout en Europe. Certaines contrées, pourtant, développent des modèles qui leur sont propres : en Alsace ou dans les pays germaniques, certaines tours, les Bergfried, trop étroites pour servir de résidence, n'allient à leur fonction symbolique qu'un rôle de surveillance. Quant à la forme générale de l'enceinte, c'est encore celle de Philippe Auguste, une enceinte maçonnée rectangulaire flanquée à intervalles réguliers de tours, qui se diffuse dans toute l'Europe, même si plans et silhouettes se diversifient selon les régions et les époques. Aménagés pour les temps de paix, ils sont pourvus de cours, de chambres, d'une chapelle et d'une grande salle aux murs et aux plafonds souvent décorés, véritable cœur de l'édifice. C'est là que se déroulent tour à tour fêtes, délibérations administratives et judiciaires, et c'est elle que l'on aménage le soir pour accueillir les hôtes de passage.

Des édifices cantonnés de tours et aux éléments architecturaux dignes de forteresses sont érigés dans toute l'Europe, notamment en Italie : ainsi à Sienne, avec le Palazzo Publico (Toscane, XIIIe-XIVe siècle) [1], à Sirmione, avec la Rocca Scaligera (Lombardie, XIIIe siècle) [2] ou à Mantoue, au palais Ducal (Lombardie, XIVe-XVIIIe siècle) [3].

[1] et [3] À San Gimignano, la « cité des belles tours » n'a conservé que treize forteresses sur les soixante-seize qu'elle comptait au Moyen Âge (Toscane, XIIIe siècle). [2] En pleine campagne, à une cinquantaine de kilomètres de Vérone, le château d'Avio (Trentin Haut Adige, XIIIe-XIVe siècle) utilise le même vocabulaire architectural.

À Naples, deux châteaux dominent la ville : le premier, le castel dell'Ovo (le château de l'Œuf), construit par les Normands et agrandi sous Frédéric II et les Angevins, fut remanié jusqu'au début du XVIIe siècle (Campanie). Ses nombreuses terrasses constituent autant de belvédères sur la mer et sur la ville.

Le second, le Castel Nuovo, fondé par Charles Ier d'Anjou à la fin du XIIIe siècle, fut remanié par les princes aragonais au XVe siècle. Cantonné par deux puissantes tours d'allure médiévale [1], son arc de triomphe (1445-1468), dû probablement à Laurana, se compose de deux arcades superposées et abondamment sculptées [2], avec notamment au-dessus de l'arc inférieur l'entrée triomphante d'Alphonse Ier dans la ville [3].

Si le Palazzo Vecchio, à Florence (Toscane), commencé en 1299, a gardé son allure toute médiévale, avec sa haute tour, son chemin de ronde couvert et ses créneaux [1], [2] et [4], il fut remodelé et agrandi plusieurs fois, comme en témoigne le joli cortile de Michelozzo (1470) [3].

1

2

3

[5] et [6] À quelques encablures, le palazzo del Bargello, construit à partir de 1254, est, après le Palazzo Vecchio, le plus bel édifice civil de la Florence médiévale. Dominé par sa haute tour crénelée, il abrite le Musée national, avec notamment une magnifique collection de sculptures Renaissance.

4

6

5

Construit vers 1240 par l'empereur bâtisseur, Frédéric II de Hohenstaufen, le Castel del Monte, la « couronne des Pouilles », forme un octogone massif en pierre calcaire blonde flanqué de huit tours octogonales. Doté d'un confort inédit pour l'époque, il mêle diverses influences qui puisent dans l'Antiquité, le monde arabe et le gothique.

Situé dans le Kent, en Angleterre, le château de Leeds, à Maidstone, remonte au IXe siècle. Mais il fut considérablement modifié et agrandi au cours de son histoire, notamment quand il devint au XIIIe siècle résidence royale pour Édouard Ier et son épouse, Éléonore de Castille, et qu'il fit office de douaire pour les reines d'Angleterre…

… Au XXe siècle, une riche aristocrate se lança dans une restauration de grande envergure du château et aménagea les vastes jardins avec notamment un labyrinthe et une volière.

Au Royaume-Uni, de nombreux châteaux du Moyen Âge ont conservé leur aspect fortifié : ainsi, le château de Warwick (Warwickshire) [1], dont la construction fut commanditée par Guillaume le Conquérant au XIe siècle, le Carisbrooke Castle [2], sur l'île de Wight, et le Portchester Castle, ruiné pour une part (Hampshire) [3] et [page de droite].

1

2

[1] Au château de Carew (Pembrokeshire, pays de Galles), les fortifications normandes (XIIe siècle) dues au fils de Guillaume le Conquérant, Henry Ier, furent considérablement remaniées et progressivement aménagées en manoir élisabéthain (XVIe siècle).
[2] Construit par sir Walter Raleigh en 1594, le château de Sherborne (Dorset) fut agrandi par la famille Dingby au début du XVIIe siècle ; c'est au milieu de ce siècle que le célèbre paysagiste « Capability Brown » fut appelé pour aménager ses jardins et son lac.

[1] Construit au XIVe siècle, le château de Penhurst (Kent) a conservé son allure médiévale.
[2] et [double page suivante] Dominant un large estuaire formé par deux rivières, Pembroke Castle, en partie ruiné, a conservé son donjon médiéval de 21 mètres de haut et son enceinte massive (6 mètres de large à la base). Plusieurs fois remanié, c'est là que naquit Henry VII, premier souverain de la dynastie Tudor, père du fameux Henry VIII et grand-père d'Élisabeth Ire.

À côté du château de Bamburgh (Northumberland, XIIe siècle) [2], qui, sur son affleurement de basalte au bord de la mer du Nord, a allègrement traversé le temps, Barnard Castle (Durham, XIIe siècle) [1] et Bothwell Castle (Lanarkshire, Écosse) [3], dont la construction débuta au XIIIe siècle par les ancêtres du clan Murray, ne livrent plus que les ruines de quelques donjons et tours.

1

2

3

[1] De la forteresse normande de Conisbrough Castle (South Yorkshire), l'élément conservé le plus impressionnant est la haute tour ronde pourvue de six contreforts, édifiée vers 1180.
[2] Surplombant la rivière Wye depuis le XIIe siècle, Haddon Hall fut remanié jusqu'au XVIIe siècle, mêlant ainsi des éléments médiévaux, Tudor et élisabéthain.

[1] et [2] Édifié à partir de la fin du XIe siècle, Alnwick Castle (Angleterre) a servi au tournage des aventures de Harry Potter. Au pays de Galles, Conwy, avec ses huit tours circulaires massives [3], et Harlech [page de droite] comptent parmi les châteaux forts et enceintes édifiés par Édouard Ier à la fin du XIIIe siècle classés au Patrimoine mondial de l'Unesco.

1

2

[1] Classé à l'Unesco, Beaumaris (pays de Galles, fin du XIIIe siècle) compte parmi les plus belles forteresses de forme concentrique de Grande-Bretagne. [2] Le château de Flint (pays de Galles, fin du XIIIe siècle) fut l'un des premiers châteaux construit durant la conquête du pays de Galles par Edward Ier.

Perché sur son promontoire et remanié pendant quatre siècles, Powis Castle (pays de Galles, XIIIe siècle) a conservé son allure médiévale, comme en témoignent les deux tours concentriques qui cantonnent le portail principal.
Il est entouré de magnifiques jardins en terrasses à l'italienne du XVIIe siècle.

1

2

3

Hantés comme il se doit, les châteaux écossais aux allures médiévales sont nombreux : Cawdor Castle (Highland, XIVe-XIXe siècle), maison-tour entourée de superbes jardins et qui rappelle Hamlet, duc de Cawdor, dans la pièce de Shakespeare [1], Fyvie Castle (Aberdeenshire, XIIIe-XVe siècle) [2], et Crathes Castle (Aberdeenshire, XVIe siècle), avec sa maison-tour à laquelle fut ajoutée une aile au XVIIIe siècle [3].

[1] À l'aplomb d'une falaise vertigineuse, le château de Dunnottar (Aberdeenshire, XIIe siècle), en partie ruiné, continue d'en imposer.
[2] Dans le même coin d'Écosse et lui aussi en ruine, le château de Slains consista d'abord en une maison-tour du XVIe siècle constamment remaniée jusqu'au XIXe siècle ; on dit que l'inventeur de Dracula, l'écrivain irlandais Bram Stoker, y séjourna et s'inspira des lieux pour son roman.

[1] Toujours en Écosse, sur l'île de Skye, le château de Dunvegan, qui remonte au IXe siècle, fut systématiquement transformé par ses propriétaires, le clan MacLeod qui en est propriétaire depuis le XIIIe siècle.
[2] Simple tour élevée au XIIIe siècle, Blair Castle (Perth and Kinross) fut agrandi et arrangé au Moyen Âge, à l'époque georgienne et victorienne.

[1] et [3] Considéré comme le plus grand château anglo-normand d'Irlande, Trim Castle (comté de Meath, XIIe-XIIIe siècle) abrite un donjon à trois étages dont le plan, original, superpose une croix et un carré.
[2] Accroché sur son rocher de basalte et dominant la mer, il ne reste que des ruines du château de Dunluce, en Irlande (Antrim, XIIIe siècle).

1

2

3

1

2

3

À proximité du château médiéval de Blarney [2] (Irlande, XVe siècle), Blarney House [1] fut édifiée au XIXe siècle dans un style architectural dit « seigneurial écossais ».

[3] Dominé par son imposante maison-tour, le château de Bunratty (Irlande, XVe siècle) est la forteresse médiévale la mieux conservée d'Irlande.

[Double page suivante]
En Suisse, sur fond d'Alpes bernoises fraîchement enneigées – le Bietschhorn culmine à 3 934 mètres –, les deux châteaux de Tourbillon (XIIIe siècle), à gauche, et de Valère (XIe-XIIIe siècle), à droite, se toisent, accrochés sur leur deux pitons.

1

2

[1] et [2] Situé en bord de mer, le château normand de Carrickfergus (Irlande, de la fin du XIIe siècle) fut plusieurs fois agrandi et aménagé au cours des siècles.
[3] À l'origine de plan carré cantonné de tours à chaque coin, le château de Ferns (Irlande, XIIIe siècle) est aujourd'hui ruiné pour une part.

3

En Suisse, les châteaux de Tarasp (Grisons, XIIe siècle) [1] et de Bellinzona [2], [3] et [4] arborent toutes les caractéristiques des forteresses médiévales : site perché, remparts, tours, donjons..., bien qu'ils aient été considérablement restaurés jusqu'au XXe siècle.

1

2

À Bellinzona, trois forteresses occupent les hauteurs du site : Montebello [2], Castel Grande [3] et Sasso Corbaro [4].

La forteresse helvète de Chillon [page de gauche] plonge majestueusement dans les eaux du lac Léman, tandis que le château d'Aigle [1], calé entre vignes et cimes enneigées, et qui remonte au XIIe siècle, fut reconstruit au XVe siècle et transformé progressivement en résidence confortable. [2] et [3] En Espagne, la forteresse de Manzanares el Real fut édifiée par les Mendoza au XVe siècle.

Accroché au sommet de sa colline dominant Palma de Majorque, le château de Bellver, « belle vue », fut élevé au XIVe siècle à la demande de Jaume II. Résidence des rois de Majorque, c'est l'unique forteresse circulaire d'Espagne.

1

2

3

Courtines, tours, donjons, échauguettes, herses, portes fortifiées et pont-levis se retrouvent à Bourscheid (XIe siècle) [1] ou à Vianden (XIe-XIVe siècle) [2], forteresses médiévales du Luxembourg, tout comme au château des comtes de Flandres à Gand (XIIe siècle) [3], en Belgique.

[1] et [3] En Pologne, la forteresse de brique de Malbork, bâtie à partir de la fin du XIIIe siècle, fut le siège de l'ordre des Chevaliers teutoniques à compter du XIVe siècle. Elle rassemble en fait trois châteaux.
[2] Réputée, à tort, pour être le château de Dracula, la forteresse de Bran, en Transylvanie (Roumanie), fut édifiée à la fin du XIVe siècle.

1

2

3

[1] La forteresse médiévale de Vyborg, autrefois située en Finlande, appartient depuis 1944 à la Russie.
[2] Édifié au xe siècle par Henri Ier l'Oiseleur, roi de Germanie, le château de Quedlinburg, est désormais classé, comme toute la ville, au Patrimoine mondial de l'Unesco.

Superbe portail de style mauresque du palais royal de Dar el-Makhzen, à Fès.

Là comme ailleurs, les châteaux assurèrent aux puissants qui les commanditèrent la protection, la défense et le prestige qu'ils en espéraient. Certains d'entre eux, plus pacifiques mais tout aussi imposants, illustrent la prospérité d'une élite au pouvoir, qu'elle fût politique ou financière.

Forteresses ou palais aux quatre coins du monde

Parce qu'elle constituait un enjeu économique et stratégique important, la bande de terre fertile bordant la Méditerranée et reliant les deux vallées de l'Euphrate et du Nil fut pendant des siècles convoitée, colonisée ou envahie, suscitant la construction de châteaux-forteresses réputés imprenables. À vocation toujours défensive, parfois résidentielle, ils sont localisés en Syrie, au Liban, en Israël ou en Jordanie et témoignent des combats féroces qui firent rage lorsque les chrétiens entreprirent de reconquérir les lieux saints aux XIIe et XIIIe siècles. Ils devinrent ainsi le symbole de la nouvelle féodalité franque.

Avec l'expansion rapide de l'islam qui, à partir du début du VIIe siècle, s'étendit bientôt du nord de l'Afrique et de l'Espagne jusqu'en Inde, des palais d'un tout autre style virent le jour. En témoignent, pour ne citer qu'eux, les magnifiques demeures qu'abritent encore de nos jours les villes impériales marocaines ou les palais majestueux édifiés dans le premier royaume musulman de l'Inde conquis par des populations venues d'Afghanistan et d'Asie centrale, et très influencés par la culture persane.

Issus d'un autre monde, les palais précolombiens témoignent des civilisations qui dominèrent ces contrées avant qu'elles ne soient colonisées par les Européens au XVIe siècle.

Entreprise à partir de 1210 par Malik al-Zahir Ghazy, l'un des fils de Saladin, la citadelle d'Alep (Syrie) est un véritable chef-d'œuvre de l'art militaire médiéval. Supportée par un énorme tell artificiel maçonné pour empêcher qu'on l'escalade, elle a conservé sa couronne de murailles flanquée de tours ; la massive porte d'entrée était pourvue d'un viaduc d'accès pour que les chevaux puissent y accéder.

Forteresse médiévale aménagée pendant les croisades pour défendre la Terre sainte, le Krak des chevaliers (Syrie) ne fut jamais investi militairement et ne céda finalement qu'à la ruse du sultan des Mamelouks qui fit porter à ses défenseurs une fausse missive.
[Double page suivante]
Sur sa butte sableuse, la forteresse ayyubide de Qalaat Najm (Syrie), également édifiée au tout début du XIIIe siècle par Malik al-Zahir Ghazy, est dominée par ses tours et ses courtines.

[1] et [3] Bâti à partir du XIIIe siècle et renforcé jusqu'au XVIIe siècle, le château de Qalaat ibn Maan domine, du haut de sa colline escarpée, l'antique ville de Palmyre (Syrie).
[2] À une soixantaine de kilomètres de Hama, aux confins du désert, les ruines de Qasr ibn Wardan, en brique, témoignent des places fortes construites par l'empereur Justinien au VIe siècle pour fortifier les frontières orientales de son Empire contre les Perses.

La forteresse de Belvoir fut édifiée en Palestine au XIIe siècle. Son plan rectangulaire et simple, rare dans la région, ne fut pas influencé par les Romains ou les Byzantins : il s'adaptait au relief du terrain, un plateau dominant la vallée du Jourdain.

À Sidon (Liban), l'ancienne Sagette des Francs, une fortification fut élevée au XIIIe siècle sur une île en Méditerranée : le château de mer, qui fut amplement remanié par la suite.

À Jubail (Liban), l'ancienne Giblet des Francs, une forteresse quadrangulaire dominée par une tour rectangulaire et flanquée de tours rectangulaires fut élevée au XIIe siècle par les Francs et donnée en fief aux Embriac.

[1] et [3] Les magnifiques vestiges du fort de Bahla (Oman), inscrit à l'Unesco, témoignent de la prospérité de cette oasis entre le XIIe et le XVe siècle.
[2] Véritable forteresse suspendue au-dessus du vide à 3 000 mètres d'altitude, au-dessus de la ville de Shibam, au Yémen, Kawkaban accueillait ses habitants en cas de danger.

[1] et [3] À Oman, le fort de Barka, construit par l'imam Ahmed Bin Said, a été entièrement restauré récemment. [2] Entre Barka et Beit N'aman, on retrouve au cœur d'une palmeraie les ruines du château d'Al Junaynah.

1

2

3

Dar el-Makhzen, le « Palais royal » de Fès el Jedid (Fès la Nouvelle), ville administrative fortifiée construite par les Mérinides au XIIIe siècle, comprend des palais, une mosquée, une madrasa, une ménagerie, de somptueux jardins, des places d'armes... répartis sur 80 hectares.

... Il reste fermé aux visiteurs par un superbe portail où se mêlent harmonieusement le vert – couleur symbolique de l'islam – des tuiles et le bleu des céramiques de Fès.

Situé au Yucatan (Mexique), la cité maya d'Uxmal aurait été fondée dans les derniers siècles du Ier millénaire. Parmi les bâtiments qui la constituaient, le palais du Gouverneur est décoré de mosaïques de pierre en partie haute combinant des motifs variés soit géométriques – grecques, croisillons, treillis... –, soit zoomorphes – serpents bicéphales, tortues, chouettes –, soit anthropomorphes, avec notamment les masques omniprésents du dieu au long nez.

[Double page suivante] À Tulum (Mexique), site fortifié maya, le castillo, établi sur un promontoire rocheux, domine la mer dans la péninsule du Yucatan.

Au milieu de la forêt tropicale, la cité maya de Palenque (IVe-IXe siècle), bâtie sur les contreforts des collines du Chiapas, est désormais classée...

... au Patrimoine mondial de l'Unesco. Son palais, construit sur une plate-forme artificielle, est composé de plusieurs salles, corridors, patios et cours reliés entre eux. Siège du gouvernement, il est surmonté d'une tour de guet à trois étages.

Du XVe au XVIe siècle

Le château d'Anjony (Cantal, XVe siècle), donjon d'une quarantaine de mètres flanqué de quatre tours cylindriques, affiche une austérité et un vocabulaire militaire qui devient à cette époque plus dissuasif que fonctionnel.

Les derniers éclats d'un monde finissant

En France, si le château concilie encore, pour un temps, deux visages radicalement différents – celui du donjon médiéval et celui du palais d'apparat –, les éléments architecturaux propres à la défense perdent progressivement leur légitimité fonctionnelle au profit d'un parti plus résidentiel et décoratif.

Avec la fin de la guerre de Cent Ans, le développement de l'artillerie et la fin de la féodalité, le château fort connaît progressivement, à partir du XVe siècle, de profondes transformations. Les archères, jusqu'alors adaptées au tir à l'arc ou à l'arbalète, sont modifiées pour être utilisées avec des armes à feu : les simples fentes verticales, installées en retrait de la maçonnerie pour ne pas affaiblir la solidité des murs, sont pourvues d'une ouverture circulaire qui laisse passer le canon de ces armes légères. De même, on édifie des tours à canon plutôt basses et massives, aux murs épais – souvent entre 4 et 6 mètres – percés de rares ouvertures destinées aux armes portables, tandis que les canons sont placés sur les terrasses.
Si l'apparence extérieure peut encore être celle d'une imprenable forteresse, dépourvue de tout accessoire décoratif, le logis et la cour d'honneur quittent désormais la rudesse médiévale au profit d'une décoration prérenaissante : nombreuses fenêtres à meneaux, motifs sculptés, magnifiques escaliers, galeries ouvertes... À l'intérieur, des salles spacieuses sont fréquemment équipées de monumentales cheminées rehaussées de reliefs décoratifs, tout comme les portes et les baies. Sous des allures encore défensives est venu le temps de la dissuasion symbolique où le château entérine la disparition d'un monde, celui de la féodalité.

Véritable sentinelle sur le Rhône, le château de Tarascon (Bouches-du-Rhône, XVe siècle) cache, derrière ses puissantes murailles quasi aveugles, une cour d'honneur avec fenêtres à meneaux, tour de l'escalier à vis et accolades de pierre qui annoncent la Renaissance.

Dominant la Grande Bleue au large de Marseille, l'une des îles du Frioul, l'île d'If, abrite le château du même nom (Bouches-du-Rhône, XVIe siècle) rendu célèbre par Alexandre Dumas dans son *Comte de Monte-Cristo*. Sur une enceinte bastionnée, son plan carré est flanqué de trois tours de défense.

Aux xve et xvie siècles, plusieurs châteaux dans le Midi continuent d'afficher des allures de forteresse : le donjon de Crest (Drôme) [1], la citadelle de Sisteron (Alpes de Haute-Provence) [2] et le fort de Mont-Alban (Alpes-Maritimes) [3].

1

2

3

En Bretagne, alors que la Renaissance commence à apparaître, plusieurs châteaux ne sont pas pressés d'abandonner le vocabulaire médiéval des tours et tourelles, des remparts et châtelets, des mâchicoulis et autres archères. Ainsi à Trécesson (Ille-et-Vilaine) [1] ou à Saint-Malo (Côtes-d'Armor) [2] et [3].

[1] Vue de la tour Tanguy, la forteresse de Brest (Finistère, XVe siècle), dominée par son donjon, fut encore aménagée par Vauban, avant qu'elle soit restaurée au XXe siècle après les bombardements alliés de 1944.
[2] Le château de l'île du Taureau aux allures médiévales fut édifié au milieu du XVIe siècle pour protéger la baie de Morlaix des attaques des corsaires anglais.

1

Bâtis au xve siècle en Loire-Atlantique, le château de Clisson [1] et la résidence des ducs de Bretagne à Nantes [2] et [3] diffèrent cependant, car le second, derrière ses courtines et ses tours, abrite un grand logis dont les lucarnes, les fenêtres à meneaux et les loggias évoquent déjà la Renaissance.

2

3

Un châtelet, une demi-lune et trois pont-levis permettent d'accéder au fort de Salses construit en grès rose et en brique rouge par Ferdinand d'Aragon à la fin du XVe siècle, après que le Roussillon eut été restitué à l'Espagne. Son usage était exclusivement militaire. La cour est bordée d'arcades sur trois de ses côtés.

[Double page précédente] Menaçante et imprenable, la citadelle de Bonaguil (Lot-et-Garonne, XVᵉ siècle) témoigne, par la perfection de son plan et de ses aménagements, des mutations de l'architecture défensive exigées par l'utilisation de nouvelles armes.

Comme Anjony (Cantal, XVᵉ siècle) [1], le château de Lavoûte-Polignac (Haute-Loire), qui surplombe un méandre de la Loire, conserve une apparence médiévale, bien qu'il ait été remanié aux XVIᵉ et XVIIᵉ siècles [2].

Situés tous deux dans le Loir-et-Cher et remontant au XVe siècle, les châteaux de Chaumont [1] et de Moulin [2] et [3] s'inscrivent comme des châteaux de transition entre Moyen Âge et Renaissance : s'ils conservent des éléments d'architecture médiévale – mâchicoulis, tours –, ceux-ci perdent leur utilité fonctionnelle pour devenir uniquement décoratifs.

1

2

3

Côté parc, la façade du château de Langeais (Indre-et-Loire, XVe siècle), due à Louis XI, témoigne de l'évolution de l'architecture castrale au XVe siècle : avec ses larges baies à meneaux, elle perd une certaine austérité, même si son pont-levis et ses grosses tours rondes, sur la façade extérieure, continuent de lui donner l'apparence d'une forteresse médiévale.

1

2

Malgré l'utilisation d'éléments d'architecture médiévale (tours, mâchicoulis, chemin de ronde, courtines, meurtrières, châtelet, pont-levis...), les deux châteaux situés en Indre-et-Loire, Montpoupon (XVe-XVIe siècle) [1] et le Rivau (XVe siècle) [2], comptent parmi les premiers châteaux d'agrément pré-Renaissance, avec leurs fenêtres à meneaux, leurs cheminées...

1

[1] Avec son énorme logis rectangulaire flanqué de quatre tours, le château de Sarzay (Indre, XVe siècle) est l'un des derniers témoignages de la construction médiévale bientôt rendue obsolète par les progrès de l'artillerie. Pourvus d'éléments caractéristiques des forteresses médiévales, les châteaux de Rully (Saône-et-Loire) [2] et de Berzé-le-Châtel (Saône-et-Loire, XVe siècle) [page de gauche] témoignent des temps architecturaux nouveaux lors des travaux de modernisation dont ils furent l'objet au XVe siècle.

2

Dominant la Loire, le château d'Amboise est la première demeure royale construite dans le Val de Loire.

Les premiers châteaux renaissants pour les rois

Venue d'Italie, la Renaissance s'impose bientôt dans l'architecture monarchique. Découverte dès la fin du XVe siècle lors des guerres d'Italie menées par Charles VIII puis par ses successeurs, elle est assimilée par les architectes français pour créer un style spécifiquement national.

Par sa précocité et son ampleur, le château d'Amboise marque un jalon essentiel dans cette évolution. Premier des châteaux du Val de Loire, si sa conception appartient encore au gothique finissant, son décor puise pour une bonne part aux sources de la Renaissance car Charles VIII en confie la réalisation à une vingtaine d'artisans italiens, à l'issue d'une campagne militaire en Italie. D'autres après lui confirment l'adoption des canons italiens : souci d'une distribution cohérente au moyen de galeries et d'escaliers, usage des travées rythmiques héritées de Bramante, utilisation de frontons, de pilastres, de loggias et de corniches, profusion de motifs ornementaux – les rinceaux, les cannelures, les oves, les coquilles, les entrelacs, les statues...

Sorti ex nihilo de la forêt et né de la volonté de François Ier, Chambord affirme avec force la réalité du pouvoir monarchique pour laquelle un artiste aussi emblématique de la Renaissance italienne que Léonard de Vinci aurait conçu un projet. Quelques années plus tard, quittant les rives de la Loire pour l'Île-de-France, le roi met à contribution à Fontainebleau toute une génération d'artistes italiens (Rosso, Primatice, Serlio, etc.) auxquels se mêlent des bâtisseurs français. La synthèse de ces deux sources donne naissance à la première puis à la seconde Renaissance française où s'allient génie décoratif italien et harmonie française.

Souverain épris de luxe et de grandeur, Charles VIII lança à Amboise, sa vieille résidence, un vaste chantier, juste avant de mourir à l'âge de vingt-huit ans. Ici, se mêlent une majorité d'éléments de style gothique à quelques nouveautés venues d'Italie, cette Italie que le roi avait découverte lors de ses victorieuses campagnes militaires et d'où il avait ramené avec lui nombre d'artistes et d'artisans.

À Blois, François Ier fait construire une aile (1515-1524) où l'escalier octogonal, à demi engagé dans la façade sur cour, allie à la tradition française le génie décoratif italien : pilastres ornés de statues et de balustrades armoriées, profusion des motifs ornementaux, tels les entrelacs, les rosaces, les oves, les coquilles, les cannelures, les rinceaux...

L'aile Louis XII du château de Blois, résidence favorite du roi figurée sur la statue équestre surmontant le portail d'entrée, reste fidèle à l'esthétique gothique, même si la galerie intérieure qui dessert à chaque étage les différentes pièces témoigne d'un nouvel art de vivre. Côté jardins, l'aile François Ier est appelée façade des Loges. Celle-ci revendique une inspiration italienne. La haute lucarne, décorée de l'emblème du roi, la salamandre, reste, elle, bien française.

[Double page précédente] Émergeant de ses marais, le château de Chambord naît de la volonté du jeune roi François Ier : entre 1519 et 1537, où le gros œuvre est achevé, 1 800 ouvriers y travaillent sans relâche. À partir de cette date et parlant de Chambord, le roi avait coutume de dire en guise d'invitation : « Allons chez moi. »

Si le nom de l'architecte de Chambord est inconnu, l'ombre de Léonard de Vinci, « architecteur » officiel, qui meurt avant le début du chantier, plane sur l'incroyable escalier à double révolution au centre du donjon. Autre originalité de Chambord, ses terrasses, qui offrent un spectacle...

... unique sur la nature environnante, et où prolifèrent lanternes, lucarnes, escaliers et cheminées, tous sculptés et décorés d'ardoises découpées en losanges, cercles ou carrés, un peu à la façon de marbres italiens. Un escalier dessert de fond en comble l'appartement de tour. Seuls quelques dignitaires ont accès à la chambre du roi.

[1] à [5] Château de Fontainebleau.
[1] Du grand parterre, la vue embrasse une partie du château, de la porte Dorée, avec ses loggias superposées à l'italienne, en passant par la salle de Bal aux grandes baies vitrées.
[2] François Ier délaissa Chambord au profit de Fontainebleau, où travaillèrent ensemble artistes français et italiens à partir de 1528. L'aile de l'escalier en fer à cheval, ordonnancée au milieu du XVIe siècle, tient son nom de son escalier bâti par Jean Androuet du Cerceau entre 1632 et 1634

[3] La cour des Offices, dite cour Henri IV, est bordée sur trois côtés de bâtiments en grès, brique et moellon enduit.
[4] La galerie de Diane, édifiée sous Henri IV et consacrée au mythe de Diane et aux victoires du roi, fut reconstruite par Napoléon Ier et transformée en bibliothèque sous Napoléon III.
[5] Le château est entouré d'un parc de 115 hectares où Henri IV fit creuser un grand canal entre 1606 et 1609.

3

4

5

[1] à [3] Château de Fontainebleau.
[1] La galerie François Ier est due à Rosso qui exécuta stucs et fresques, le décor fut complété par Primatice.
[2] Dans la salle de Bal, la cheminée, achevée en 1556, et les plafonds furent exécutés d'après les dessins de Philibert de L'Orme, tandis que les décors peints reviennent à Primatice.
[3] La chapelle Saint-Saturnin fut reconstruite par François Ier.

1

2

3

Chantier sans cesse repris par les souverains successifs, le Louvre, bien avant d'être un musée, fut le palais des rois. Ici, le Louvre vu de la passerelle des Arts [1], et le pavillon de l'Horloge dû à Jacques Lemercier au début du XVIIe siècle dans la cour Carrée [2].

1

2

3

[1] à [3] et [page de droite] Le Louvre. [1] Surplombant les Tuileries et la Seine, l'ancien pavillon de Flore, qui menaçait ruine, fut reconstruit par Lefuel sous le règne de Napoléon III. L'aile Richelieu [2] borde la cour Napoléon côté Rivoli ; au centre, le pavillon Richelieu [3]. Au centre de la façade sur la Seine, Lefuel aménagea des guichets monumentaux entre les quais de la Seine et le Louvre côté Carrousel et cour Napoléon [page de droite].

NAPOLEON III EMPEREUR
REEDIFIE DE 1861 A 1868 L'AILE DU PALAIS DES TUILERIES
ELEVEE DE 1607 A 1663 PAR HENRI IV LOUIS XIII ET LOUIS XIV

Le château actuel de Saint-Germain-en-Laye, qui englobe le donjon médiéval et la chapelle de Saint Louis, fut construit à partir de 1539 par Pierre Chambiges à la demande de François Ier. Dernier souverain à habiter le château, Louis XIV le quitta définitivement en 1682 lorsqu'il décida de s'installer à Versailles.

Malgré son donjon carré en brique, le château de Pau, bâti au XIVe siècle par Gaston Phébus, a perdu tout caractère défensif. Il fut transformé en palais Renaissance d'allure plus aimable par Marguerite d'Angoulême, sœur de François Ier et épouse d'Henri d'Albret, roi de Navarre.

Ministre de Henri IV, Sully embellit le château de Sully-sur-Loire (Loiret) : il creusa des douves qu'il alimenta en eau en détournant un affluent de la Loire, la Sange.

À l'image des rois, princes, hommes d'Église, aristocrates et grands commis de l'État abandonnent progressivement le vocabulaire médiéval pour adopter, à partir du XVe siècle, un style qui mêle le récent vocabulaire décoratif venant d'Italie à des réminiscences du gothique flamboyant.

Dans ces nouvelles résidences, si tours à bossages, mâchicoulis, courtines et portes fortifiées sont conservés, c'est pour mieux signifier symboliquement la puissance et la fortune du seigneur des lieux. La multiplication des baies sur les différentes façades suffirait à témoigner de l'éloignement définitif d'une architecture sécuritaire et défensive. De plus, la rationalisation des plans intérieurs en vue d'une distribution efficace et cohérente par tout un réseau de galeries et d'escaliers affirme un même souci d'un art de vivre fondé sur le confort et le plaisir.

D'innombrables chantiers pour de prestigieux commanditaires

Cette évolution se fait en douceur en fonction des goûts des princes, mais aussi de la formation de leurs architectes. Avec le temps, un style français s'impose dans lequel le soin de la symétrie et les éléments décoratifs, venus tous deux d'Italie, tels les pilastres, les frontons, les loggias et les corniches, se mêlent aux innovations architecturales françaises qui domineront un siècle plus tard dans les édifices classiques du XVIIe siècle. Pour l'heure, ces architectes ont pour nom Pierre Lescot, Philibert Delorme, Jean Bullant. Comme pour les chantiers monarchiques, deux régions mènent successivement la danse : le Centre, avec Chenonceau, Azay-le-Rideau et Anet, par exemple, puis l'Île-de-France, avec Écouen. Mais bientôt, tout le territoire se couvre de ces somptueux logis gagnant en espace, en confort et en raffinement décoratif.

1

Le château de Chenonceau, édifié entre 1513 et 1521 par Thomas Bohier, receveur des Finances, revint à sa mort dans les biens de la Couronne. Protégé par un donjon, le château est composé d'un logis rectangulaire cantonné de tourelles aux angles, et qui se prolonge par la galerie à deux étages...

2

3

4

... de Catherine de Médicis construite sur le pont au-dessus du Cher [1], [4] et [5]. La grande galerie de 60 mètres de long est pavée de dallage noir et blanc [2]. Les jardins de Diane de Poitiers et de Catherine de Médicis [3], tout comme ses parcs boisés, embellissent encore cette merveille Renaissance.

5

1

2

3

[1] à [3] Château d'Azay-le-Rideau.
[1] Élevé entre 1518 et 1524, il adopte des principes de symétrie venus d'Italie : la superposition des fenêtres et des lucarnes en travées qui alternent avec des murs de maçonnerie pleine.
[2] Sous le pignon gothique, des loggias superposées ouvrent sur l'espace intérieur.
[3] Ses hautes toitures d'ardoise et ses poivrières effilées puisent, elles, dans la tradition française.

Blotti dans la forêt de Chinon, le château d'Ussé (Indre-et-Loire, XVe siècle) inspira Charles Perrault pour son merveilleux conte de *La Belle au bois dormant*.

Fermement accolé à son donjon [3], le château de Villandry fut totalement remanié à partir de 1532 par Jean Le Breton, son nouveau propriétaire. À partir de là, trois logis en U délimitèrent une cour d'honneur [1], aile gauche de la cour.

3

Restaurés par Joachim Carvalho, les jardins de Villandry, répartis sur trois terrasses, lui assurent, plus encore que les bâtiments, sa réputation mondiale [2], [4] et [double page suivante]. Un potager, un verger et un jardin d'herbes complètent cet admirable ensemble.

4

[1] Au XVe siècle, les d'Harcourt transformèrent leur forteresse médiévale de Montreuil-Bellay (Maine-et-Loire) en résidence plus confortable annonçant la Renaissance.
[2] Le château de Plessis-Bourré (Maine-et-Loire, XVe siècle) ne conserve que l'aspect symbolique des défenses, et la multiplication des baies vise à assurer le confort des habitants.
[3] C'est au Clos-Lucé (Indre-et-Loire, XVe siècle), que François Ier installa Léonard de Vinci, qui s'y éteignit le 2 mai 1519.

1

2

3

Construit avec le tuffeau extrait de ses profondes douves sèches qui abritent tout un réseau de galeries aménagées en forteresse souterraine, l'impressionnant château de Brézé (Indre-et-Loire) évoque les châteaux du Val de Loire.

1

Situé à une dizaine de kilomètres d'Angers, le château de Serrant, enserré dans de larges douves en eau, est construit à partir du XVIe siècle. Il est cantonné de grosses tours surmontées de dômes et allie le tuffeau blanc au schiste brun.

2

[1] Le château d'Anet (Eure-et-Loir, XVIe siècle) fut conçu par Philibert Delorme pour Diane de Poitiers. L'utilisation d'un arc de triomphe et de l'ordre dorique pour son pavillon d'entrée témoigne du triomphe de la Renaissance.
[2] Le château de Maintenon (Eure-et-Loir) rappelle l'aile Louis XII de Blois avec son rez-de-chaussée à arcades, ses hautes baies et ses lucarnes de style gothique.

[Double page suivante] Bien qu'abrité derrière ses hauts murs flanqués de tours cylindriques massives, le château de Sully-sur-Loire (Loiret, fin du XIVe siècle) arbore l'élégance d'une demeure aristocratique avec ses nombreuses fenêtres.

[1] et [2] Reconstruit en grande partie à la fin du XVe siècle, le château de Biron (Dordogne) mêle les éléments médiévaux, telle la puissante tour aveugle de la Conciergerie (à droite) à un grand logis renaissant du XVIe siècle (à gauche). [3] Serré contre sa Sainte-Chapelle, le donjon du château de Châteaudun (Eure-et-Loir, XVe siècle) côtoie un logis, l'aile Dunois, aux caractéristiques déjà Renaissance.

1

2

3

[1] et [2] Remaniée au début du XVIe siècle, la forteresse de Gordes (Vaucluse, XVIe siècle) a conservé sa structure de forteresse médiévale à laquelle elle a appliqué certains éléments renaissants, telle la mouluration horizontale qui scande les différents niveaux.
[3] Le château de Puyguilhem (Dordogne, vers 1510) s'inscrit dans la tradition des premiers édifices renaissants du Val de Loire.

[1] Architecture française et décor italien se mêlent au château de Bussy-Rabutin (Côte-d'Or, XVIe-XVIIe siècle), dans les façades sur arcades en anse de panier des deux ailes, contemporaines du château de Chambord.
[2] À Saint-Fargeau (Yonne), reconstruit au XVe siècle, les tours massives ont été conçues pour résister aux coups dévastateurs du canon.

1

2

1

2

Assez proches l'un de l'autre, les châteaux de Tanlay (Yonne, XVIe-XVIIe siècle) [1] et d'Ancy-le-Franc (Yonne, XVIe siècle) [2] ont en commun Serlio, l'architecte italien de la Renaissance, qui est cité au moins pour l'influence qu'il joua dans l'élaboration de ces deux chefs-d'œuvre.

Ancienne forteresse médiévale, Chantilly (Oise) fut entièrement reconstruit par Pierre Chambiges à la demande du connétable Anne de Montmorency au début du XVIe siècle. Il fut remplacé au XVIIe siècle par un édifice dû à Jules Hardouin-Mansart et à Jean Aubert.

[1] Du château primitif de Chantilly, construit au XVe siècle ne subsiste que le petit château de Jean Bullant (au centre) : un simple rez-de-chaussée surmonté d'un étage en comble.
[2] Toujours à Chantilly, une sculpture en haut relief, représentant des chevaux, décore le tympan de la porte du pavillon nord des écuries d'Aubert.

Chantilly recèle des trésors dans son musée Condé : escalier d'honneur [1], chambre de la duchesse d'Aumale [2], cabinet des livres [3], salon de Guise [5] et peintures accrochées...

... à l'ancienne dans la Tribune [4] : le duc d'Aumale céda ses collections avec l'interdiction de modifier cet accrochage ou de modifier si peu que ce soit la collection.

3

4

5

1

2

[Page de gauche] Les trois tours à toit conique du château de Josselin (Morbihan, XVe siècle), vus de la rivière, ne laissent pas présager l'existence d'une façade sur cour de style gothique flamboyant.
[1] Le château de Grosbois (Val-de-Marne, fin du XVIe siècle) mêle pierre, brique et moellon sur un terre-plein entouré de fossés.
[2] Dans le Calvados, le château de Fontaine-Henry (XVe-XVIe siècle) est un bel exemple de château Renaissance.

Après le palais Ducal, la Ca' d'Oro (1422-1440) est le plus bel édifice gothique de Venise.

Des palais urbains aux quatre coins de l'Europe

Comme en France, un nouveau type de palais apparaît en Europe, qui n'est plus d'abord défensif. Destinés à abriter au cœur des villes les familles les plus prestigieuses et, par la même occasion, à affirmer aux yeux des contemporains leur pouvoir et leur richesse, ces palais connaissent divers développements.

C'est en Italie, à partir du Quattrocento – et peut-être d'abord à Florence – qu'un nouveau type de palais s'élabore et se développe, lorsque les grands architectes de la Renaissance, délaissant le gothique, remettent à l'honneur les proportions et les formes de l'architecture romaine antique, ses principes de régularité, de sobriété et de symétrie. Brunelleschi, Michelozzo, Sangallo et d'autres sont les maîtres d'œuvre de ces résidences florentines. Le palais Medicis-Riccardi peut apparaître comme le prototype de ces nouvelles demeures qui se multiplient bientôt à Rome, Urbino, Venise, Mantoue... Derrière des façades imposantes, des cours abritent le plus souvent des galeries dont les colonnes remettent à l'honneur les ordres architecturaux de l'Antiquité. Parfois, de magnifiques jardins en constituent un prolongement, tandis qu'à l'intérieur se déploie un faste qui embellit les enfilades de pièces aux volumes amples. Décors de marbre, fresques et œuvres d'art reflètent ainsi la puissance de familles aristocratiques qui s'imposèrent par leur fortune et leur proximité avec le pouvoir.

Si chaque pays développe à la suite de l'Italie des spécificités propres qui permettent d'identifier sans difficulté la localisation géographique de ces palais, la conception renaissante se diffuse quasiment dans toute l'Europe, même si elle continue ici ou là de cohabiter avec des réminiscences gothiques.

À Florence, le palais Medicis-Riccardi [1] et [3] fut édifié par Michelozzo en 1444, à la demande de Cosme l'Ancien de Médicis : le chef-d'œuvre en est la cour, avec sa ravissante colonnade [2].

1

2

3

Tous du XVe siècle et au cœur de la capitale toscane, les palais Strozzi [1], Rucellai [2] et Antinori [3] illustrent le talent des architectes de cette première Renaissance florentine.

Sur les rives de l'Arno, le palais Corsini qui abrite la plus belle collection privée de Florence.

[1] et [2] Rivaux acharnés des Médicis, les Pitti, grands marchands florentins, ont aussi leur palais qui, commencé au XVIe siècle sur des plans de Brunelleschi, le grand architecte de cette première Renaissance florentine, fut modifié et agrandi jusqu'au XVIIIe siècle. Marie de Médicis s'en inspira quand elle fit construire le palais du Luxembourg à Paris.
[3] À Rome, le palais du Vatican fut la résidence des papes depuis leur retour d'Avignon en 1377.

1

2

3

Sur l'une des plus belles places de Rome conçue par Michel-Ange, le palais du Sénateur [1], et le palais des Conservateurs [3], qui renferme, avec le palais Neuf, les musées du Capitole ; la salle des Capitaines [2] est décorée de fresques.

[1] et [3] Les talents de Sangallo le Jeune puis de Michel-Ange se conjuguèrent pour concevoir la noble façade du palais Farnèse (Rome, XVIe siècle), siège de l'ambassade de France à Rome.
[2] Du XVIe siècle, le palais Massimo (Rome) présente une belle façade à portique dont la forme convexe fut imposée par le tracé de la rue.

Érigée entre 1508 et 1511 par Peruzzi, la Farnesina [2], à Rome, est un parfait exemple des villas de « campagne » de la Renaissance. Elle fut décorée par les peintres les plus talentueux de l'époque : Sodoma pour *Les Noces d'Alexandre et de Roxane* dans la chambre à coucher [1], Raphaël pour *La Légende de Psyché* [3] à la voûte de la galerie, Peruzzi dans le salon du premier étage [page de droite].

1

2

3

[1] Des terrasses dominant la façade sur jardin de la villa Médicis, la vue sur Rome est sublime, avec ici Saint-Pierre.
[2] et [3] C'est Jules III qui commandita la villa Giulia (Rome), conçue comme résidence d'été et de nos jours musée étrusque. Elle abrite une cour en hémicycle conçue par Vignola et un élégant nymphée dessiné par Ammanati.

1

2

[1] À deux pas de la place Navone, le palais Altemps (XVe-XVIe siècle) conserve une partie des collections du Musée national romain.
[2] Érigé à Rome par Ammanati au milieu du XVIe siècle, le palais Ruspoli, abrite un bel ensemble de fresques maniéristes par Zucchi dans la galerie Rucellai.

1

2

3

[1] et [2] À Rome, la façade du palais Spada multiplie les éléments décoratifs de la Renaissance : statues, festons, draperies, cartouches… Dans sa cour, on trouve une galerie en trompe l'œil.
[3] En forme de piano à queue, le palais Borghèse fut baptisé par les Romains le Cembalo.

[1] et [2] Les décors du palais du Quirinal (Rome), désormais résidence de la présidence de la République, contrastent avec sa façade plutôt dépouillée.
[3] La cour du palais Doria (Rome), dont la construction entamée au XVe siècle se poursuit pendant plusieurs siècles, évoque le style mesuré de Bramante.

1

2

[1], [2] et [3] À Mantoue, le palais du Te (du nom du quartier, le Tejetto, où il fut construit), dû à Giulio Romano, était la résidence d'été de Frédéric II Gonzague, duc de Mantoue.

3

[4], [5] et [double page suivante] Cantonnées par deux tours effilées, les trois loggias superposées de la façade occidentale du palais ducal d'Urbino (XVe siècle) en font l'un des plus beaux bâtiments de la Renaissance.

4

5

[1] Les marbres roses et blancs tout comme la légèreté des galeries inférieures du palais des Doges signent ce chef-d'œuvre du gothique vénitien. Entre le palais et la basilique Saint-Marc, la porta della Carta [2], surmontée d'une sculpture figurant le doge Foscari et le lion de saint Marc [3] (copie XIXe siècle).

Une Ca' d'Oro gothique à Venise [2] et non loin de là, à Vicence, un palais Chiericati [1] Renaissance construit en 1551 par Palladio : son portique dorique, ses statues mythologiques sur le toit et ses loges ioniennes de l'étage illustrent parfaitement ce style qui renoue avec l'Antiquité.

Non loin de Venise, Palladio fut l'architecte de somptueuses villas où les aristocrates vénitiens venaient se réfugier lorsqu'ils fuyaient la puanteur des canaux. À Asolo, la villa Barbaro, appelée également villa Maser, est un bijou : sa somptueuse architecture est encore magnifiée par les fresques de Véronèse et ses trompe-l'œil.

1

2

3

Toujours de Palladio, la villa Foscari, appelée également la Malcontenta [1], et la Rotonda [3], où plusieurs scènes du film de Losey, *Don Giovanni*, furent tournées.
[2] Près de Florence, la villa dell'Artimino, construite par Buontalenti en 1594 pour Ferdinand Ier de Médicis.

[1] Commencé au milieu du XVe siècle par l'archevêque de Canterbury, Knole (Kent) compte, à la manière d'une année, 7 cours, 52 escaliers et 365 pièces.
[2] et [3] Burghley House (Lincolnshire, XVIe siècle) est un des plus somptueux manoirs élisabéthains.

1

2

3

Nichée dans un écrin de verdure, Wilton House (Wiltshire) fut bâtie à partir du XVIe siècle par le premier comte de Pembroke, puis agrandie et modifiée jusqu'au XIXe siècle. Churchill et Eisenhower y élaborèrent des plans stratégiques – elle avait été réquisitionnée comme quartier général pendant la Seconde Guerre mondiale.

1

2

[Page de gauche] Fils d'un boucher devenu cardinal, le cardinal Wolsey commença d'édifier Hampton Court non loin de Londres au début du XVe siècle, suivi par son roi Henri VIII qui l'avait dépossédé.
C'est le même architecte, Robert Smythson, qui conçut au XVIe siècle, dans le style élisabéthain, Hardwick Hall (Derbyshire) [2] et Longleat House (Wiltshire, XVIe siècle) [1]. Cette dernière est aussi connue pour ses jardins et notamment pour son labyrinthe, le plus long du monde (2,5 km) [double page suivante].

[1] Magnifique château de la période Tudor, Sissinghurst Castle (Sussex) est aussi fameux pour ses jardins, restaurés avec la demeure par l'écrivain Vita Sackville-West.
[2] Avec son donjon, Glamis Castle (Angus), construit à partir du début du XVe siècle a toutes les allures d'un vrai château hanté écossais.

Enniskillen Castle (Irlande, XVe siècle), édifié au début du XVe siècle pour le clan Maguire, souverains du Fermanagh, ressemble à une forteresse, avec sa célèbre poterne flanquée de deux tourelles qui se reflète dans l'Erne.

Dressé sur son promontoire escarpé, le château de Krumlov (République tchèque) domine les rives de la Vltava en Bohême du Sud. Il fut reconstruit au XVIe siècle dans le style Renaissance par les Rozmberk, qui étaient alors les plus grands propriétaires terriens de Bohême.

La masse impressionnante du château de Kronborg, le « château de la Couronne » (Danemark, XVIe siècle), à Elseneur, qui doit sa notoriété au *Hamlet* de Shakespeare, continue à défier la mer. Il fut construit par le roi Christian IV à la fin du XVIe siècle dans le style Renaissance.

[Double page précédente] Le château d'Egeskov (Danemark, Fionie), ou « forêt de chênes », se dresse sur une île au milieu d'un lac entouré de… forêts de chêne. Il repose d'ailleurs sur des poutres enfoncées dans le sol meuble de cette région marécageuse.

La tour de Belém (1515-1521), autrefois au milieu du Tage, est aujourd'hui au bord du rivage. Cette « loge du portier de l'Europe dont Lisbonne était l'antichambre » (Paul Morand) témoigne de la puissance de Lisbonne à la Renaissance.

Plusieurs fois détruit et reconstruit au gré des batailles, l'actuel château d'Osaka est une copie en béton de 1931 de l'original du XVIe siècle.

Aux XVe et XVIe siècles, de l'Inde au Maghreb, en passant par le Japon ou le Proche-Orient, les puissants entendent signifier leur pouvoir et leur richesse par de somptueuses demeures. Leur style n'a rien à voir avec la Renaissance qui s'impose progressivement en Europe...

Loin de l'Europe, des châteaux multiformes

En fait, ces châteaux adoptent des visages aussi divers que les civilisations dont ils sont issus. Parmi elles, trop nombreuses pour être toutes citées, deux élaborent à cette époque un type spécifique de châteaux : le Japon et l'Inde. Pour des raisons politiques et militaires, le premier connaît un développement notoire d'une architecture défensive liée à deux facteurs : les guerres civiles qui ravagèrent le pays au XVe siècle et l'introduction des armes à feu par les Portugais au siècle suivant. Succèdent alors à une architecture de bois des constructions capables de résister à ces nouvelles armes, augmentées de douves, de ponts, de hauts murs de pierre disposés en chicane, d'un imposant donjon central, de tourelles pourvues de meurtrières et de mâchicoulis. C'est le Moyen Âge au pays du Soleil-Levant. En Inde, les premiers palais sont d'abord conçus comme des forteresses massives, et nombre de résidences royales sont de simples forts installés dans une position stratégique et pourvues de murailles de plusieurs mètres d'épaisseur et dotées de multiples postes d'observation. Il faut attendre l'installation des Moghols, au début du XVIe siècle, pour que cette architecture évolue vers des réalisations qui mêlent aux acquis de l'architecture perse, introduite par les premiers conquérants musulmans, des traditions indigènes constructives et décoratives, avec des sculptures qui envahissent piliers, consoles et écrans de pierre.

1

Sur sa colline de granite, le fort de Golconde, « colline du berger », fut la citadelle de la dynastie des Qutb Shahi qui régnèrent sur la région de Hyderabad (Inde, Andhra Pradesh) aux XVIe et XVIIe siècles. Derrière ses puissantes murailles jalonnées de bastions et de portes, ils ne cessèrent de l'embellir de palais somptueux, de jardins et de mosquées.

2

3

1

2

Entre 1565 et 1573, l'empereur moghol Akbar fit construire une forteresse en grès rouge, le Fort Rouge [1] et [double page suivante], qui témoigne de la puissance de cet empire. À l'intérieur, le labyrinthe de palais, de corridors, de pavillons et de kiosques est dû à Shah Jahan, tel le Diwan-i-Am [2], édifice qui servait de lieu de réception des ambassades et de cour impériale de justice.

1

2

3 L'éphémère capitale de l'empereur moghol Akbar, Fatehpur Sikri (Uttar Pradesh), témoigne de la puissance de son empire mais aussi de son indéfectible curiosité intellectuelle pour les philosophies et les religions : il tenta en effet d'unir ses sujets autour d'une foi commune centrée autour de sa personne, tentative qui ne lui survécut pas. Cette magnifique cité fortifiée, dotée de portails impressionnants (le Buland Darwaza [3]), abritait les quartiers...

... privés de l'empereur, mais aussi les bâtiments réservés à son administration. Pavillons (la Birbal's House [4]), palais, mosquées, bassins, terrasses se succèdent et mêlent style islamique et hindou [5] et [6]. Le Diwan-i-Khas, salle des audiences privées, est supportée par un extraordinaire pilier central où se superposent les rangées de *muqarnas* surmontées d'un balcon circulaire où se tenait le souverain [1] et [2].

4

5

6

Les palais de Jaisalmer, blottis au pied de la citadelle en grès doré, comptent parmi les plus beaux exemples du travail de la pierre au Rajasthan.

Le Jahangiri Mahal (Inde) fut érigé par Akbar dans la seconde moitié du XVIe siècle : l'absence de fenêtres au rez-de-chaussée indique peut-être qu'il était réservé aux femmes. Sa façade principale, cantonnée par des tours d'angle, s'organise de part et d'autre d'un portail monumental.

[1] Dans la citadelle de Mandu (Inde), mosquées, palais et pavillons de plaisir furent édifiés entre 1401 et 1529 par les sultans de Malwa : vue sur le superbe mihrab de la Jami Masjid.

Toujours à Mandu, le Rupmati's Pavilion [2] offre une vue admirable ur la campagne environnante, tandis que le Jahaz Mahal [3], le « palais du Bateau », évoque un navire immobile, surtout pendant la mousson où les eaux qui l'entourent semblent vouloir le submerger.

Du fabuleux palais El-Badi d'al-Mansour de la fin du XVIe siècle, il ne reste rien : marbres, onyx, plafonds en stuc et murs couverts de feuilles d'or furent pillés par Moulay Ismaïl un siècle plus tard, pour construire les palais de sa nouvelle capitale de Meknès.

1

2

[1] Le château d'Inuyama, près de Gifu, au Japon, fut bâti en 1537 par Oda Nobuyasu. Il se distingue par le balcon qui entoure le donjon. [2] et [3] En Corée, le palais Changdeokgung, érigé au début du XVe siècle, fut le siège du pouvoir du début du XVIIe siècle à la fin du XIXe siècle. Son splendide « jardin secret » recèle une bibliothèque, des pavillons de poésie et des étangs couverts de nénuphars.

3

1

[Page de gauche] Le château de Matsumoto, construit à partir du XVIe siècle, est aussi appelé Karasu-jô, château du Corbeau, à cause de ses toitures et de ses murs en bois de couleur sombre. Plusieurs fois reconstruit depuis la première forteresse du XIVe siècle, l'actuel palais impérial de Tokyo [1], tout comme le château d'Osaka [2], sont des édifices du XXe siècle.
[3] À Mexico, le château de Chapultepec, remonte au XVe siècle.

2

3

Du XVIIe au XXe siècle

Le fort de Nakhl (IXe-XIXe siècle, Oman) est bâti sur un éperon rocheux dominant une magnifique palmeraie.

Alors que l'art de la guerre évolue partout dans le monde, le besoin de châteaux-forteresses, avec tours et murs massifs, continue de se faire sentir. Mais leur agencement connaît des développements qui varient en fonction de leur implantation. En France, ils se réduisent à un usage uniquement militaire.

Des châteaux exclusivement ou essentiellement défensifs

En France, tandis que les châteaux résidentiels se multiplient, des châteaux-forteresses héritiers du château fort médiéval, mais où la dimension résidentielle a complètement disparu, se substituent définitivement à lui en mettant en œuvre des conceptions défensives inédites. Désormais uniques maîtres d'un pouvoir centralisé, les rois les font aménager ou élever le long des frontières, qu'elles soient maritimes ou continentales. Car il s'agit maintenant d'agrandir et de protéger un territoire unifié en en marquant symboliquement et efficacement les nouvelles limites. D'anciens donjons médiévaux voient leurs murs rabaissés, mais épaissis pour résister aux tirs d'artillerie et aux impacts des boulets de canon toujours plus performants. D'autres sont édifiés de toutes pièces. Le « grand homme » de ces bastions et de ces escarpes est bien sûr Vauban, soldat et ingénieur nommé bientôt commissaire général des fortifications.

Ailleurs dans le monde, comme au Japon ou au sultanat d'Oman, par exemple, de puissants châteaux fortifiés constituent autant de citadelles imprenables. Au Japon, peu d'entre elles sont parvenues jusqu'à nous, mais à Oman, l'un des plus importants carrefours commerciaux du monde, cette architecture militaire qui date majoritairement du XVIIe siècle a traversé le temps. Elle mêle des caractères portugais et perses à des particularismes typiquement locaux.

Fort de Camaret (Finistère) [1], fort Boyard (Charente-Maritime) [2] et Ambleteuse (Pas-de-Calais) [3] : trois forts construits par l'illustre ingénieur Vauban.

Surveillant les côtes de leur donjon aux allures imprenables, Tatihou (Manche) [1], Saint-Honorat (Alpes-Maritimes) [2], tour Socoa (Pyrénées-Atlantiques) [3].

À Okoyama au Japon, le château édifié en 1597 pour le seigneur Ukita Hidei fut quasiment détruit en 1945 et reconstruit en 1966 – les éléments en bois ont été remplacés par du béton. Il domine le superbe jardin Kôraku-en qui commença d'être aménagé à partir de la fin du XVIIe siècle.

[1] Le château de Matsuyama est construit en 1603 sur le mont Katsuyama. Le château principal a été classé trésor national du Japon.
[2] Le château de Gifu est le plus vieux du Japon. Construit en 1537, il fut gravement endommagé à la fin du XIXe siècle. Son originalité tient à son balcon qui entoure le donjon.

Véritable miracle, le château de Himeji (Japon), appelé Hakuro-jo, le « château du Héron blanc », fut épargné par les bombardements de la Seconde Guerre mondiale qui, pourtant, ravagèrent la ville. Construit non loin de Kobe, à l'emplacement d'une forteresse du XIVe siècle par des seigneurs de guerre locaux en 1581, il fut restauré et agrandi vers 1600...

...Des espaces de vie raffinés feraient presque oublier le caractère inexpugnable de ce bel exemple de château samouraï, qui servit de décor au film de Kurosama, *Ran*.

Le château de Kumamoto, dans le centre-ouest de Kyushu (Japon), achevé au tout début du XVIIe siècle, fut pour une bonne part détruit par un incendie à la fin du XIXe siècle. Son admirable restauration du XXe siècle ne laisse pas imaginer qu'il repose désormais sur une structure en béton.

Les châteaux japonais d'Hikone [1] et de Nagoya [2] et [3] datent tous deux du XVIIe siècle. Ce dernier fut entièrement ravagé en 1945. Sa reconstruction donne une bonne idée de la splendeur de l'original.

Symbole triomphant de l'ancien pouvoir des samouraïs, le Nijo-jo (1603), à Kyoto (Japon), passa dans le domaine impérial à la fin du XIXe siècle...

...Le château abrite plusieurs palais auxquels on accède par des portes superbement décorées. Il possède un grand bassin avec trois îles plantées de cerisiers et de gingkos.

Il ne restait que quelques vestiges du château de la ville de Naha (Japon) détruite en 1945. Il fut reconstruit conformément aux plans originaux du XVIIIe siècle. [Page de gauche] Le Nijo-jo est entouré de magnifiques jardins qu'il est souhaitable de voir en avril, lorsque les cerisiers sont en fleur.

Le fort de Nizwa, à Oman, fut érigé en une douzaine d'années à la fin du XVIIe siècle par l'imam Sultan bin Saïf. Résidence des imams, siège de leur gouvernement, le fort est dominé par une tour ronde et massive pourvue de fondations très profondes dans le rocher pour que les tirs de boulet...

... lancés des murailles ne puissent l'ébranler. Du haut de la tour, la vue sur le labyrinthe de maisons en terrasses, la forêt de palmiers et le dôme bleu de la mosquée toute proche est superbe.

1

2

Les deux forts – le fort Jalali [1] et le fort Mirani [2] – de part et d'autre du port de Mascate, capitale d'Oman, furent édifiés par Philippe II, roi d'Espagne et du Portugal au XVIe siècle : les Portugais ne cherchaient guère à occuper l'intérieur des terres. Seuls les comptoirs les intéressaient et ils les défendaient grâce à leurs forteresses.

[1] À quelques kilomètres de Mascate, le fort de Sohar blanchi à la chaux, a été modifié depuis le XIVe siècle, date de sa construction d'origine.
[2] Toujours sur la côte, la petite baie de Mouttrah est protégée par son fort de la même époque que ceux de Mascate.

Le fort de Jabrin (Oman), isolé au milieu du désert, fut élevé par un imam à la fin du XVIIe siècle. Malgré les imposants remparts qui le protègent, il servait en fait de résidence aux imams et d'école pour former juristes, astrologues et médecins – on voit encore les cellules des étudiants. Des restes de somptueux décors sont parvenus jusqu'à nous.

Le fort de Nakhl (IXe-XIXe siècle), à Oman, disposait de vastes entrepôts et de puits. Le gouverneur dont c'était la résidence vivait au niveau intermédiaire pour se protéger des rigueurs de l'hiver, et sur la terrasse supérieure rafraîchie par la brise durant l'été.

Au Pérou, non loin de Cuzco, les ruines de la forteresse de Sacsahuaman, à 3 650 mètres d'altitude, témoignent du génie constructeur des Incas : le plan de Cuzco étant en forme de puma, la forteresse représenterait la tête du félin. Construite au moyen de blocs gigantesques (milieu du XVe siècle), elle était destinée à abriter la garnison chargée de protéger la capitale inca tout en étant un lieu de culte...

...Elle était protégée de trois enceintes successives en zigzags et couronnée de tours dont on ne conserve que les fondations [double page suivante]. Le chantier, qui occupa plusieurs milliers d'hommes, dura probablement près de soixante-dix ans.

La salle des Croisades, dans l'aile nord du château de Versailles, appartient au musée « dédié à toutes les gloires de la France » inauguré par Louis-Philippe, qui souhaitait ainsi réconcilier tous les Français autour de leur histoire.

Architecture et jardins au service du pouvoir royal

Dès le tout début du XVIIe siècle, avec le palais du Luxembourg édifié à Paris pour Marie de Médicis, le château royal perd définitivement tout reliquat d'architecture défensive, fût-elle symbolique, pour assumer sa nouvelle vocation : affirmer de façon magistrale le prestige du souverain et son plaisir.

En ce sens, le grand chantier de ce siècle, Versailles, incarne la quintessence de ce projet : au service du Roi-Soleil autour duquel gravite désormais la Cour, il magnifie le pouvoir absolu et réduit à rien celui des puissants en les attirant dans cet univers de fêtes. L'ordonnance de ces édifices affirme les grands principes de l'architecture classique française qui s'imposent définitivement. Et si, à l'intérieur de ces palais, et notamment à Versailles, la luxuriance des marbres, la richesse des dorures et des bronzes, le faste des décors plafonnants peints en trompe l'œil peuvent évoquer l'exubérance baroque italienne, une certaine rigueur purement française tempère cette richesse décorative.

Autre nouveauté de ce grand siècle, la création du jardin à la française. André Le Nôtre dispose symétriquement parterres géométriques et broderies de buis, bassins et jets d'eau, bosquets et grottes, et corrige les déformations liées aux lois de la perspective. Ici, la nature est domestiquée et ordonnée.

Avec la disparition de Louis XIV au début du XVIIIe siècle, le modèle versaillais continue de s'imposer dans nombre de chantiers, comme au Petit Trianon.

Pourtant, à la fin du siècle, lorsque la reine souhaitera qu'on lui construise une retraite plus intime, ce ne sera plus un château, mais un hameau faussement campagnard que concevra son architecte Richard Mique.

Le palais du Luxembourg, élevé par Salomon de Brosse à partir de 1615 pour Marie de Médicis, veuve de Henri IV, est une des réalisations majeures du classicisme français naissant : la façade sud donne sur le jardin. L'architecture, avec les forts bossages, rappelle le palais Pitti florentin où la reine avait passé toute son enfance.

Dans le jardin, des sculptures et des fontaines : ici *Polyphème surprenant Acis et Galatée* (XIXe siècle) ornant la niche centrale de la fontaine Médicis qui clôt la perspective à l'est du palais. En 1799, le palais devient le siège du Sénat.

[1] à [3] Château de Versailles. Cinquante ans de chantier furent nécessaires à Louis XIV pour transformer le pavillon de chasse de son père [1] en un somptueux et immense palais, que les rois successifs continuèrent d'aménager : ici, la galerie des Batailles voulue par Louis-Philippe et qui entendait raconter l'histoire de France en 35 tableaux [2], et la chapelle royale conçue par Hardouin-Mansart [3].

1

2

3

[1] L'aile du Midi du château de Versailles, vue des jardins, et la galerie des Glaces due à Hardouin-Mansart et venue remplacer une terrasse ménagée par Le Vau.
[2] Au plafond, trente compositions dues à Le Brun et à son atelier, et qui racontent les hauts faits de Louis XIV sous forme d'allégories antiques : c'est le plus vaste plafond peint de France.

[Double page précédente] À l'ouest, vue du corps central du château de Versailles et du parterre d'Eau : chaque bassin est décoré de statues couchées figurant les fleuves et les rivières de France, auxquelles s'ajoutent nymphes et groupes d'enfants, le tout coulé en bronze par les frères Keller, les modèles étant fournis par des sculpteurs ; ici, Le Rhône, par Tuby.

1

2

3

Le Grand Trianon [1] et [3], œuvre de Jules Hardouin-Mansart achevée en 1688, espace privé réservé aux concerts, aux fêtes et aux collations. Construit pour Mme de Pompadour, maîtresse de Louis XV, par Gabriel, le Petit Trianon [5], chef-d'œuvre du néo-classicisme, ...

4

5

... fut offert par Louis XVI à Marie-Antoinette pour laquelle son architecte installa, dans les jardins, un belvédère [2]. C'est le même architecte qui conçut pour la même reine le Hameau, village qui comprenait douze maisons, dont celle de la reine [4] face à un lac artificiel.

Construit par Louis d'Orléans au XVe siècle et ruiné, le château de Pierrefonds fut recréé au XIXe siècle, sur ordre de Napoléon III, par Viollet-le-Duc qui, dans une vision un peu romantique du Moyen Âge, combina restitution archéologique et création pure.

1

Autres résidences liées au pouvoir : le château de Compiègne [1], édifié par Gabriel pour Louis XV dans le plus pur style néo-classique, et la Malmaison [2], du début du XVIIe siècle, achetée par Joséphine de Beauharnais, en 1799, et considérablement modifiée par elle et Napoléon Ier.

2

Le château de Bagatelle, dans le bois de Boulogne, construit par Bélanger en six semaines par le comte d'Artois, frère de Louis XVI, à l'issue d'un pari entre lui et sa belle-sœur Marie-Antoinette, modifié au début du XIXe siècle par lord Hertford.

À l'image des souverains, les puissants commanditent à partir du XVIIe siècle des résidences illustrant le génie du grand style français, avant qu'une architecture souvent moins grandiose, qui oscille entre rocaille et néoclassicisme, ne finisse par s'imposer… jusqu'à ce que surgisse la Révolution.

D'innombrables chantiers dans toute la France

Les grandes demeures aristocratiques du XVIIe siècle illustrent à des degrés divers les principes du classicisme français : réduction des ailes en retour au profit de pavillons saillants bientôt abandonnés, avec étirement du corps de logis ; suppression, du même coup, de la cour ; simplicité et parfaite symétrie du plan ; stricte régularité des baies ; escaliers droits et non plus en spirale ; avant-corps central le plus souvent magnifié ; superposition des ordres antiques. Certes, certains châteaux rivalisent encore avec les modèles royaux. Mais le territoire se couvre, surtout à partir du XVIIIe siècle, d'une multiplicité d'édifices moins grandioses qui, tout en symbolisant la prospérité d'aristocrates propriétaires terriens bien ancrés dans leur province, s'accordent à une esthétique « à la française » qualifiée de rocaille. À mi-chemin entre les débordements du baroque et la rigueur du classicisme, c'est le confort et l'intimité qui priment, qu'il s'agisse de l'architecture, de l'aménagement intérieur ou des jardins. Si la Révolution marque un coup d'arrêt, au moins symbolique, dans l'histoire française des châteaux, le nombre des châtelains ne diminue pas, et nombre d'aristocrates rentrés d'immigration ou de bourgeois nouvellement enrichis enjolivent ou font édifier de nouveaux « châteaux ». D'un style souvent éclectique, ils symbolisent l'avènement d'une nouvelle aristocratie, celle de l'argent.

Construit en cinq ans par Fouquet, surintendant des Finances de Louis XIV, le château de Vaux-le-Vicomte réunit sur son chantier tous les artistes qui allèrent ensuite travailler à Versailles : Le Vau, Le Brun et Le Nôtre...

...Voulant se débarrasser de son surintendant qu'il trouvait décidément trop ambitieux, le roi le fit arrêter quelques semaines après la fête qu'il avait naïvement donné pour montrer au roi les derniers embellissements de son château. « Le 17 août, à 6 heures du soir, Fouquet était roi de France ; à deux heures du matin, il n'était plus rien », écrivit Voltaire.

Les châteaux de Maisons (XVIIe siècle) [1], de Champs-sur-Marne [2] (XVIIIe siècle) et de Ferrières [3] (XIXe siècle) illustrent bien l'évolution que connut l'architecture...

1

2

... castrale française, d'un château défensif fermé sur lui-même au château ouvert constitué d'un unique logis quadrangulaire.

3

C'est Albert de Luynes, duc de Chevreuse, ministre d'État et gendre de Colbert, qui commanda à Jules Hardouin-Mansart, premier architecte du roi, le remaniement et l'agrandissement du château de Dampierre-en-Yvelines, où il allia crépi ocre, brique et grès.

Un même nom pour deux châteaux différents : Bagatelle. Le premier, joli petit château de plaisance en brique et pierre du XVIIIe siècle, est situé en Picardie [1] ; le second, dans le bois de Boulogne à Paris [2], dû au comte d'Artois, fut modifié au XIXe siècle.

[1] Une meute derrière un cavalier pour un départ de chasse à courre au château de La Bourbansais (Ille-et-Vilaine, XVIe-XVIIIe siècle) .
[2] En Normandie, le château de Balleroy fut construit, comme le château de Maisons, par François Mansart dans la première moitié du XVIIe siècle.

Situé dans le Berry, le château de Valençay (vers 1540) a pourtant tous les airs d'un château de la Loire ; il s'abrite derrière un donjon d'entrée qui a perdu toute fonction défensive.
[Page de droite]
Le château de Brissac (Maine-et-Loire) livre une architecture hétéroclite. Sa façade principale du XVIIe siècle est inscrite entre deux tours rondes du XVe siècle.

Avec son unique logis rectangulaire étiré, Cheverny (Loir-et-Cher, XVIIe siècle) marque l'aboutissement du château français, de la forteresse médiévale organisée autour de sa cour quadrangulaire puis réduit à un logis principal cantonné par deux ailes en retour qui, ici, ont disparu.

[1] et [2] À Strasbourg, Armand-Gaston de Rohan, devenu évêque à l'âge de trente ans, se fit élever au début du XVIIIe siècle un superbe palais épiscopal sur les plans de Robert de Cotte, premier architecte du roi. [3] C'est au siècle précédent que fut bâti le château de Barbentane (Bouches-du-Rhône), dont la façade méridionale est magnifiée par un avant-corps central couronné d'un fronton cintré.

1

2

Deux chefs-d'œuvre lorrains du XVIIIe siècle, en Meurthe-et-Moselle, auxquels participa Germain Boffrand : le château de Lunéville [1], surnommé le « Versaille lorrain », et le château d'Haroué qui compte 365 fenêtres, 52 cheminées, 12 tours et 4 ponts [2].

Inclassable, inhabitable, le « Palais idéal » du facteur Cheval, à Hauterives (Drôme), ambitionnait de réunir dans un même « palais » toutes les expressions architecturales du monde : un temple hindou, un chalet suisse... « Je construisais en rêve un palais féerique », devait déclarait son auteur, Joseph Ferdinand Cheval (1836-1924).

La cour des Lions, à l'Alhambra de Grenade (Espagne), forme le centre du palais des Lions, érigé durant la seconde partie du XVIe siècle. Elle doit son nom à la fontaine des Douze Lions installée au milieu de la cour et qui remonte, elle, au XIe siècle.

De somptueux châteaux dans toute l'Europe

Parce que le magnifique chantier de Versailles avait impressionné les souverains européens, la plupart d'entre eux n'eurent de cesse de faire édifier « leur » Versailles. Au-delà de ce modèle, une architecture palatiale variée se développe dans les divers territoires européens.

La liste des châteaux des souverains inspirés par le modèle versaillais est longue : le château de Sans-Souci, à Potsdam, édifié par Frédéric le Grand, celui d'Herrenchiemsee, commandité par Louis II de Bavière, celui de Schönbrunn, à proximité de Vienne, le palais de Caserte, en Italie, ceux de La Granja et de Queluz, le premier près de Madrid et le second non loin de Lisbonne, le château de Drottningholm, à quelques kilomètres de Stockholm, et le complexe de Peterhof, commandé par Pierre Ier de Russie. Ce modèle versaillais n'inspira d'ailleurs pas seulement les souverains européens, mais aussi bien des aristocrates que ce soit en Angleterre, en Pologne, en Italie, en Hongrie ou en Allemagne.

On ne peut pourtant résumer l'architecture palatiale européenne aux édifices influencés par Versailles, et dans toute l'Europe on trouve d'autres sources d'inspiration, de Palladio au style rococo en passant par le néo-classicisme ou l'éclectisme caractéristique du XIXe siècle – néo-gothique, néo-renaissant, néo-palladien... Chaque pays adopte ainsi avec une prédilection plus ou moins marquée certaines de ces sources : l'inspiration palladienne sera particulièrement sensible en Angleterre, par exemple, tandis que les territoires germaniques puiseront aux sources d'un baroque extrêmement débridé...

[1] Sur des plans de Robert Lyminge, Blicking Hall (Norfolk, 1619-1625), avec ses tourelles et ses pignons, constitue un des plus beaux témoignages du style Jacques Ier. [2] L'actuel Chatsworth House (Derbyshire), que certains qualifièrent de « second Versailles », est le résultat de considérables transformations et agrandissements aux XVIIe et XIXe siècles.

1

2

Blenheim Palace (Oxfordshire), résidence des ducs de Marlborough, est peut-être le plus beau témoignage du baroque anglais. Conçu par John Vanbrugh, magnifié par l'immense parc dû à l'un des plus grands paysagistes d'Angleterre, « Capability » Brown, c'est là que naquit en 1874 l'un des plus fameux descendants des ducs, Winston Churchill.

[1] Avec son dôme de 24 mètres de haut, Castle Howard (North Yorkshire) est le premier chef-d'œuvre de John Vanburgh, assisté ici d'un architecte confirmé, Nicholas Hawksmoor.
[2] Entourée de jardins en terrasses sur l'île de Wight, Osborne House est une immense villa italienne du XIXe siècle dominée par un campanile. C'était la résidence préférée de la reine Victoria.

1

2

3

[1] Ragley Hall (Warwickshire) fut édifié dans un style palladien par Robert Hooke (1635-1703), plus connu comme physicien et astronome.
[2] Entre style palladien et baroque, Houghton Hall (Norfolk) fut construit au début du XVIIIe siècle pour le Premier ministre anglais, Robert Walpole.
[3] Woburn Abbey (Bedfordshire) fut à l'origine une abbaye cistercienne, transformée à partir du XVIIe siècle en demeure privée.

1

Du XVIIIe siècle, Harewood House (Yorkshire) [1] et Holkham Hall (Norfolk) [2] adoptèrent le style palladien, qui est le plus en vogue à cette époque en Angleterre, tandis que Kedleston Hall (Derbyshire, XVIIIe siècle) [3] arbore une belle unité néo-classique malgré l'intervention successive de trois architectes.

2

3

[Double page suivante]
Le Pavillon royal de Brighton, une ferme devenue « fantaisie gothique indienne » due à John Nash pour le roi George IV, témoigne de l'engouement du XIXe siècle pour l'Orient.

[1] Waddesdon Manor (Buckinghamshire), qui fut bâti pour les Rothschild à la fin du XIXe siècle dans un style Renaissance française, abrite leurs extraordinaires collections de peintures, de mobilier et d'objets d'art.
[2] C'est à partir de la fin du XVIIIe siècle et au XIXe siècle que Highclere Castle (Berkshire) fut transformé et considérablement agrandi par les Carnavon.

Windsor (Berkshire) est le plus grand château de toute l'Angleterre et la plus vaste forteresse habitée du monde. Depuis Guillaume le Conquérant, il fut agrandi et reconstruit par les rois successifs. C'est la résidence principale de la famille royale.

À l'ouest de Westminster, à Londres, à deux pas de St Jame's Park et de Green Park, Buckingham Palace, élevé sous la forme d'un manoir en brique en 1703, fut considérablement remanié et agrandi jusqu'au début du XIXe siècle. Lorsque la reine y réside, le pavillon flotte sur les toits du palais.

ENTRY TO THE
CROWN RIVER CRUISES

[1] En Écosse, sur les rives du loch Fyne, Inveraray Castle fut commandité par le troisième duc d'Argyll au XVIIIe siècle à William Adam.
[2] C'est le même William Adam, et Robert, son fils, qui travaillèrent sur le chantier de Mellerstain au XVIIIe siècle.
[3] Sur une terrasse impressionnante, Dunrobin Castle domine la mer ; autour de sa tour d'origine du XVe siècle, d'autres bâtiments vinrent s'ajouter aux XIXe et XXe siècles.

1

2

3

[Page de gauche] C'est dans la tour de Londres, forteresse qui remonte à Guillaume le Conquérant et qui domine la Tamise, que sont conservés les joyaux de la Couronne.

1

2

Toujours en Écosse, Abbotsford House [1] fut la résidence de Walter Scott (1771-1832), tandis que Culzean Castle [2], dans un magnifique site au bord de la mer, fut transformé au XVIIIe siècle par Robert Adam qui en fit un joyau. [3] Balmoral est, lui, la résidence d'été de la famille royale.

3

Dominant la cité de son site privilégié et impressionnant, le château de la capitale de l'Écosse, Édimbourg, veille sur la ville depuis le XIe siècle.

[1] De style palladien, le palais royal de Holyrood, qui jouxte les ruines de la nef de l'abbaye du même nom, est la résidence officielle de la reine en Écosse.
[2] Au pays de Galles, Caernarfon Castle n'était plus qu'une ruine quand son gouverneur, sir Llewelyn Turner (1823-1903), entreprit de le restaurer.

Accrochée sur
son promontoire
escarpé,
la forteresse
de Stirling semble
imprenable.
Elle fut élevée
entre 1496 et 1540
par le roi Jacques IV
et son fils dans
un style Renaissance
plutôt rare
en Écosse.

Le palais Barberini, à Rome, est le fruit de trois architectes du XVIIe siècle, et pas des moindres : Maderno, Borromini et le Bernin. Ils adoptèrent le plan des villas de campagne du XVIe siècle, avec un corps central bordé par deux ailes en retour.

[3] Mausolée du IIe siècle qui servit à plusieurs empereurs, le château Saint-Ange (Rome, Italie) devint ensuite une place forte et un refuge. Il abrite de belles salles dont certaines décorées de stucs et de fresques [2], telle la salle de bains dite de Clément VII [1].

Autre rival de Versailles, le palais royal de Caserte, à proximité de Naples, fut bâti par Vanvitelli à la demande de Charles III de Bourbon. Tout ici est gigantesque : 247 mètres de long sur 184 mètres de large, 143 fenêtres pour la façade principale, 1 200 pièces et 34 escaliers. À l'arrière se déploie une magnifique perspective de jardins avec fontaines, plans d'eau et sculptures.

1

2

Le château de Miramare [1], non loin de Trieste (Italie), est un édifice du XIXe siècle destiné au frère de l'empereur François-Joseph, tandis qu'à proximité de Turin le château de Stupinigi (XVIIIe siècle) [2] est l'un des chefs-d'œuvre de Juvara.
[3] Non loin de Parme, la résidence de campagne des Farnèse, le palais de Colorno.

3

Bercés par le clapotis des fontaines et des bassins, les palais de l'Alhambra (Grenade, Espagne)et leurs admirables patios recèlent de merveilleux décors : des plafonds lambrissés, des voûtes à stalactites, des murs en stucs...

... finement sculptés et des azuleros. Leur iconographie est traditionnelle de l'islam : calligraphie, motifs floraux stylisés et géométriques.

[Double page suivante] Dernier symbole du pouvoir musulman édifié par les Nasrides, la citadelle de l'Alhambra, qui abrite forteresse et palais, se détache sur fond de Sierra Nevada enneigée.

Deux résidences royales espagnoles : l'Escurial [2], érigé par Philippe II non loin de Madrid et qui rassemble en un immense bâtiment en forme de gril un musée, une bibliothèque, un palais et un monastère, et le palais de la Granja de San Ildefonso, à une dizaine de kilomètres de Ségovie, construit au XVIIIe siècle pour le roi Philippe V qui voulut en faire un nouveau Versailles [1].

Toujours en Andalousie, l'Alcazar de Séville, dont la construction démarra dès le règne des Omeyyades d'Espagne au IXe siècle, ne cessa d'être enrichi, agrandi et reconstruit jusqu'au XVIe siècle. Ce palais fortifié, où se mêlent les styles mauresque, gothique et Renaissance, fut et continue d'être une résidence royale.

[1] Au Portugal, le palais de Queluz (XVIIIe siècle), à une dizaine de kilomètres de Lisbonne, est un petit « Versailles portugais ».
[2] Corfoue, en Grèce, abrite la résidence d'été que l'impératrice Sissi se fit construire à la fin du XIXe siècle. Elle la nomma l'Achilléion en référence à Achille, héro de la mythologie grecque qui la passionnait.

1

2

Le premier château romantique européen n'est pas né en Bavière pour le « roi fou », Louis II, comme on le croit, mais à Sintra (Portugal), trente ans plus tôt, avec le palais national de Pena (1839-1885), où se mêlent, dans un style éclectique, éléments mauresques, gothiques, Renaissance, baroques et manuélins.

1

2

[1] Peut-être le plus romantique des châteaux de Louis II de Bavière, le château de Neuschwanstein (1869-1896), qui domine à près de 1 000 mètres d'altitude le Schwansee, le « lac des Cygnes », mêle différents styles. Il est devenu l'archétype du château de conte de fées.
[2] En face, le château de Hohenschwangau est un manoir néo-gothique.

En Bavière toujours, le même Louis II acheta en 1873 une île sur le lac de Chiemsee pour y édifier le château de Herrenchiemsee, la réplique du château de Versailles. Faute d'argent, celui-ci ne fut pas achevé.

1

[1] et [3] C'est Frédéric le Grand qui, à partir de 1747, entreprit d'édifier à Potsdam le château de Sans-Souci dont il dessina lui-même les plans. C'est un charmant palais rococo.
[2] Mais il ne s'arrêta pas là puisqu'une vingtaine d'années plus tard il en fit bâtir un second, le Neues Palais, un imposant palais qui compte plus de 200 pièces richement décorées.

3

2

1

2

3

[1] À Dresde, le Wallpavillon clôture d'un côté le quadrilatère que forme le Zwinger, chef-d'œuvre du baroque commandé par Auguste le Fort au début du XVIIIe siècle.
[2] Au bord de l'Elbe, l'Opéra, dû à Semper, un architecte qui compléta le Zwinger d'une aile abritant la fameuse galerie de peintures des maîtres anciens.
[3] L'« aile de Frédéric » du château de Heidelberg, élevé au XVIIe siècle, domine la ville.

Les châteaux de Würzburg [1] (la « Residenz »), de Ludwigsburg [2] et de Falkenlust [3] sont autant de palais baroques construits par de puissants princes allemands du XVIIIe siècle.

Le château d'Augustusburg (XVIIIe siècle), à Brühl, illustre admirablement le style baroque allemand, même si le Français Cuvilliès modifia la façade et l'intérieur qui avaient été conçus par un architecte autochtone. Le superbe escalier d'honneur fut conçu par Balthasar Neumann.

1

2

À Vienne, les palais sont nombreux : le Belvédère supérieur [1], comme le Belvédère inférieur, séparés par de magnifiques jardins à la française sur un terrain en pente douce, furent commandés comme résidence d'été à Hildebrandt par le prince Eugène de Savoie au début du XVIIIe siècle. Le Neue Burg [2], construit au XIXe siècle dans un style néo-Renaissance, compte parmi la dizaine de bâtiments formant le palais de la Hofburg, siège du pouvoir pendant six siècles.

1

2

3

Dans ses magnifiques jardins où s'élève la Palmenhaus [double page suivante], serre tropicale du XIXe siècle qui abrite une vaste collection de plantes exotiques, le palais de Schönbrunn [1] et [3], bâti au XVIIIe siècle par Fischer von Erlach pour l'empereur Léopold Ier, abrite d'autres édifices, telle la Gloriette [2], arcade néo-classique qui domine la colline derrière le château.

À Pouchkine, l'ancienne Tsarskoïe Selo, s'élève le palais Catherine, du nom de l'épouse de Pierre le Grand qui le lui offrit en cadeau, et qui fut remanié par Catherine II. Dominée par les bulbes dorés de sa chapelle, cette œuvre de Bartolomeo Rastrelli (1751-1756), avec sa longue façade bleu vif richement décorée de colonnes blanches et de sculptures dorées, ambitionnait de rivaliser avec Versailles.

1

2

3

4

[1], [2] et [3] À proximité de Saint-Pétersbourg, le palais de Pavlosk, attaché au nom de Paul Ier, est constitué d'un corps central de forme carrée encadré par deux ailes courbes surmontées de galeries.
[4] Dans l'ancienne Oranienbaum, Rinaldi érige, non loin du palais Chinois, un pavillon des Glissades, point de départ à une colonnade au milieu de laquelle une montagne russe de plus de 500 mètres avait été installée pour amuser la Cour.

À Saint-Pétersbourg, le palais d'Hiver fut d'abord la résidence impériale, couleur pistache, dessinée par Rastrelli à la demande d'Élisabeth, la fille de Pierre le Grand. Il abrite désormais une partie des somptueuses collections de l'Ermitage, réparties dans d'autres bâtiments connexes qui bordent la Neva.

Impressionné par son séjour à Versailles en 1717, Pierre le Grand demanda à un architecte français, Jean-Baptiste Le Blond, de transformer sa petite résidence d'été de Peterhof, à une trentaine de kilomètres de Saint-Pétersbourg, en palais digne de ce nom. Ce grand palais jaune et blanc fut encore profondément modifié par Rastrelli au XVIIIe siècle…

...De la terrasse du palais de Peterhof, on peut admirer la Grande Cascade, le canal et les 144 fontaines qui ménagent quelques surprises : certaines déclenchent des jets d'eau en direction de visiteurs trop téméraires. Le château accueillait autrefois les invités de marque. La salle de bal illustre admirablement le style rococo de Rastrelli.

1

2

3

À l'intérieur de la forteresse du Kremlin, plusieurs palais : le Grand Palais, du XIXe siècle [1] et [3] où l'on peut encore admirer le trône du dernier tsar [2], mais aussi le palais des Terems (début du XVIIe siècle), « palais privé » des tsars [page de droite], et le palais à Facettes [double page suivante]. Conçu par deux architectes italiens de la fin du XVe siècle, il doit son nom aux bossages de pointe de diamant ornant sa façade et était réservé aux cérémonies d'apparat.

[1] Le château monumental de Prague domine la vieille ville et déploie ses façades le long de la Vltava.
[2] À Budapest, l'interminable façade du palais Royal domine les remparts et le Danube.

À Varsovie, le palais Wilanow (« nouvelle villa ») bâti à la demande du roi de Pologne, Jan III Sobieski à la fin du XVIIe siècle, est un des plus remarquables représentants du baroque polonais.

[1] Plusieurs palais sont disséminés dans les vastes bois du parc Lazienki de Varsovie, tel le palais du même nom. [2] En Roumanie, le château de Peles (1875-1914) fut élevé dans un style éclectique où domine le néo-Renaissance, tandis que le château de Drottningholm [3], à proximité de Stockholm, édifié sur une île du lac Mälar pour la reine Éléonore à partir de 1662 par Nicodème Tessin l'Ancien, est la résidence principale de la famille royale.

1

2

3

[1] Également sur un îlot, la construction du château suédois de Gripsholm fut commandée par le roi Gustave Ier Vasa durant la première moitié du XVIe siècle.
[2] En Norvège, la forteresse médiévale d'Akershus protège la ville depuis sept cents ans de son promontoire spectaculaire au fond de l'Oslofjord .

À Pékin, une tour de l'enceinte
protégeant la Cité interdite.

Ailleurs qu'en Europe, les styles de construction des châteaux et palais, leurs techniques, leurs décors, leurs plans varient encore beaucoup plus nettement d'un pays à l'autre qu'en Europe, même si certains points communs concernant leur architecture et leur décor peuvent être repérés.

Des palais divers disséminés dans le monde entier

Dans tous les territoires conquis par l'islam, de la Perse à l'Inde en passant par le Maghreb, il est un élément indissociable de l'architecture palatiale, c'est le jardin, objet de tous les soins, image du paradis sur terre. Ponctué de bassins et de vasques, il est planté d'arbres odoriférants à l'abri des hauts murs qui enserrent le palais. De même, les décors de ces fastueuses demeures ont recours à un large répertoire de motifs souvent symétriques qui privilégient l'abstrait de l'arabesque, de la géométrie, du monde végétal ou de la calligraphie, au détriment des figures. Fréquemment construites en matériaux « pauvres », la brique cuite, leurs murs sont ornés de céramiques dont les motifs géométriques et floraux se répètent à l'infini pour former des réseaux de carrés, d'étoiles et de polygones laissant peu de place au vide.

D'autres techniques sont aussi mises à contribution : la marqueterie et le bois sculpté, la peinture, le plâtre sculpté, le stuc, le marbre, le verre, les gypseries et, dans une moindre mesure, la pierre. Enfin, certains éléments sont indissociables de cette architecture palatiale qui s'est développée dans l'immense aire musulmane : moucharabiehs, arcs, voûtes, coupoles, *muqarnas* (stalactites). À partir de cette culture commune, chaque civilisation développa évidemment un langage propre avec ses particularismes décoratifs et architecturaux.

Il fallut plusieurs décennies au XIXe siècle pour que le palais de la Bahia, à Marrakech, au Maroc, construit pour un grand vizir du sultan, fût achevé : on ne cessa de l'agrandir, ...

... si bien que le plan paraît désordonné, avec des appartements qui se succèdent autour de cours, de jardins et de patios agrémentés de fontaines et d'arbres fruitiers. À l'intérieur, des décors de faïences de Tétouan rivalisent avec de somptueux plafonds en cèdre et des galeries aux colonnes peintes.

1

2

3

4

[1] et [2] Construite au XIIe siècle par les Almohades, la kasba des Oudaïa, à Rabat (Maroc), est impressionnante. Le décor de sa porte monumentale est typique : motifs géométriques de festons, ornements de fleurs stylisées et inscription coufique.
[3] et [4] À l'ombre de la tour Hassan, le mausolée de Mohammed V (Rabat, Maroc), achevé en 1971.

Le palais royal de Rabat, derrière son enceinte et son portail monumental entièrement sculpté, abrite un palais moderne, une mosquée du Vendredi, un champ de courses et divers édifices destinés à l'administration. Remarquer les arcs outrepassés des arcades d'entrée.

L'un des plus grands souverains safavides, Shah Abbas Ier (1588-1629), dont le règne marqua l'apogée de cette dynastie, installa à l'ouest d'Ispahan (Iran) une nouvelle cité organisée autour d'une place monumentale, le Maïdan-i Shah limitée par de nombreux monuments. Parmi eux, le pavillon d'Alikapu avec son talar, cette vaste loggia supportée par des colonnes de bois.

[1] Le Tchetel Sutun (Ispahan, Iran), pavillon aux quarante colonnes, n'en comportait en fait que vingt : les vingt autres étaient leur reflet.
[2] et [3] Le palais Hasht Behesht (Ispahan, Iran), les « huit paradis », fut élevé vers 1670 : on y retrouve les traditionnels décors de *muqarnas* (ou stalactites) au plafond.
[Double page suivante] Dans les parois du « salon de musique », des alvéoles en forme de vases et d'objets domestiques constituent un décor original construit aussi à des fins acoustiques.

[1] À Shiraz, dans le Fars (Iran), ville des grands poètes et des derviches soufis, la madrasa-ye Khan fut créée en 1615.
[2] Dominant un bassin et des canaux, le Kakh-e Eram (Shiraz, Iran) est un pavillon bâti sous l'ère qajar au cœur des jardins d'Eram, ces jardins tant chantés par les poètes persans.
Le palais de Narenjestan était la résidence du gouverneur qajar [3].

1

2

3

À l'intérieur de la citadelle royale de Téhéran, le palais du Golestan symbolise la gloire et les excès des souverains qajar (XIXe siècle) : une salle d'audience couverte de miroirs abrite un imposant trône en albâtre soutenu par des atlantes.

Kashan abrite les plus belles demeures d'Iran : commanditées au XIXe siècle par de riches marchands, deux palais traditionnels richement ornés, la Khaneh Tabatabaei [1], [2] et [3] et la Khaneh Borujerdi [page de droite], pourvues de cours intérieures, de bassins, de coupoles à *muqarnas*, de vitraux, de miroirs et de reliefs sculptés.

1

2

3

1

2

3

4

Résidence des sultans de l'Empire ottoman de la fin du XVe siècle au XIXe siècle, le palais de Topkapi (Istanbul) domine la Corne d'or, le Bosphore et la mer de Marmara. À l'abri de son enceinte se succédaient des pavillons au milieu de cours et de jardins où l'on allait des parties publiques vers les parties privées. Des toits l'on distingue les petites coupoles...

1

... du harem. La salle Impériale abrite le trône du sultan. La chambre d'Ahmet III est aussi appelée salle aux Fruits en raison des coupes de fruits représentées sur les céramiques murales. Sa bibliothèque, en forme de croix grecque, conserve un beau décor intérieur de céramiques d'Iznik.

2

En Éthiopie, quand le roi Fasil décida de rompre avec le nomadisme des campements royaux au profit d'une capitale permanente à Gondar en 1636, lui et ses successeurs commencèrent d'édifier palais, mais aussi monastères, églises, bâtiments publics ou privés à l'intérieur et à l'extérieur de la cité impériale fortifiée à l'abri des remparts.

Conçus dans un style particulier qui mêle des influences arabes et indiennes à l'esthétique baroque importée par les missionnaires jésuites, ils résistèrent plus ou moins à l'usure du temps.

Le Taj Mahal, « palais de la couronne », est en fait un palais construit en l'honneur d'une défunte, puisqu'il s'agit d'un mausolée en marbre blanc bâti à Agra par Shah Djahan pour son épouse décédée en couches en 1631.

1

2

3

[1] et [2] Le Mân Mandir de Gwâlior est admirable avec ses tours cylindriques, ses murailles couronnées de merlons et soulignées de frises figurant des animaux mythiques.
[3] Autre forteresse râjput, le Govind Mandir à Datia du début du XVIIe siècle.

Le Lal Qila (vers 1640), ou fort Rouge, à Delhi, abrite un ensemble d'édifices somptueux, tel le Nakkar Khana [1], mais aussi le plus magnifique de ces pavillons, le Diwan-i Khas, qui abrite une pièce splendide entièrement décorée d'arabesques et de fleurs peintes ou constituées de tesselles de pierres de couleur [2]. La Lahore Darwaza est surmontée de deux tours dans le même grès rouge que les remparts [double page suivante].

[1] À Udaipur (Inde), des pavillons furent érigés sur quelques îles du lac, tel celui du Jag Mandir.
[2] Le City Palace (Udaipur, fin du XVIe siècle), réunit appartements, halls de réception et cours.
[3] La cour des Paons est dominée par un balcon encadré de mosaïques de verre.

Le palais de Bundi, au Rajasthan, accroché au flanc de la colline dans son enceinte crénelée, avec ses nombreux monuments élevés au fil des siècles, a un peu une allure d'échiquier. Sur une place du palais, autrefois agrémentée de bassins et de fontaines, se dresse le Chitrashala composé…

… de galeries couvertes à claustra autour d'une cour carrée et décorée de fresques murales du XVIIIe siècle dans une palette de bleus, de verts et de pourpres.

[Page de droite] À Jaipur, le palais des Vents (1799) était réservé aux femmes de la cour qui pouvaient observer l'animation du bazar derrière des écrans ajourés.

À une dizaine de kilomètres de Jaipur (Rajasthan), le fort d'Amber (fin du XVIe-début du XVIIe siècle) se déroule le long de la colline au fil de terrasses successives supportant des édifices disposés autour de cours intérieures.

1

2

C'est en fonction de règles astrologiques précises que Jai Singh II décida de bâtir à Jaipur une nouvelle capitale à la mesure de son empire de plus en plus vaste. De somptueux palais admirablement décorés [3] embellissent la ville et les environs : le Chandra Mahal [2], « palais de la Lune », et, sur une île au milieu du lac Man Sagar, le Jal Mahal [1], « palais de l'Eau ».

3

[1] À Jaipur, le City Palace, remarquable par la richesse de sa décoration, se distingue par un dédale de jardins, de pavillons, de palais et de cours.
[2] Le Hawa Mahal, ou « palais des Vents », doit son nom aux 953 fenêtres incurvées destinées à capter les courants d'air.

[1] À Jodhpur, l'immense complexe, construit par deux architectes britanniques, mêle éléments européens et architecture rajput traditionnelle.
Capitale d'une puissante dynastie régnant en Inde du Sud du XIVe au XVIe siècle, Vijayanagara a conservé quelques édifices de cour, tel le Lotus Mahal [2], et des lieux de culte, tel le temple de Ramachandra [3].

Le palais de Mysore, illuminé lors de certaines fêtes, fut bâti au début du XXe siècle par un architecte anglais, Henry Irwin. Il est couronné par un ensemble de tours coiffées de dômes disposées autour d'une tour centrale dorée.

À Pékin, la Cité interdite fut édifiée au début du XVe siècle sous la dynastie des Ming. Véritable ville qui se développe sur 72 hectares au sein de la Cité impériale, elle abrite derrière ses murailles cernées par de larges douves la Cour extérieure, où les bâtiments sont réservés aux activités officielles du souverain.

Le Palais d'été de Pékin, aménagé en 1750 par l'empereur Qianlong, fut pillé à deux reprises, mais restauré à la fin du XIXe siècle et au début du XXe siècle. Pavillons, palais, temples, ponts et jardins s'intègrent parfaitement dans le paysage naturel au bord du lac Kunming : ici, le palais de la Bienveillance et de la Longévité [1] et [3], allusion au dicton, « Les gens bienveillants vivent longtemps », et le pavillon des Fragrances bouddhiques [2].

[1] et [2] Le palais impérial de Shenyang fut le palais construit par la dynastie mandchoue qui établit un État indépendant au début du XVIIe siècle.
[3] La résidence de montagne de Chengde, érigée tout au long du XVIIIe siècle par la dynastie Qing, et qui abrite palais et bâtiments religieux et administratifs dans un superbe paysage de lacs et de forêts, accueillait les empereurs chinois qui voulaient fuir les grosses chaleurs de l'été à Pékin.

Dans la cité longtemps interdite de Lhassa au Tibet, à 3 700 mètres d'altitude, le Potala abrite un palais blanc, un palais rouge et diverses annexes. Il fut à la fois résidence du dalaï-lama et de sa cour, siège du gouvernement tibétain, sorte de monastère pour les moines attachés au service du dalaï-lama et à l'entretien des temples, haut lieu des cérémonies et destination majeure de pèlerinage.

1

2

3

Derrière sa muraille crénelée, le Grand Palais de Bangkok [1] et [3] et le Wat Prah Kaeo [2] et [page de droite], le Temple royal, de fait le plus célèbre de Thaïlande, couvrent en plein milieu de la ville 200 hectares et rassemblent plusieurs temples et palais, dont celui du roi. Leurs constructions furent entreprises en 1782, au moment de la fondation de Bangkok par le roi Rama Ier.

Détail de l'avant-corps central
de la façade sur cour
de l'hôtel Matignon à Paris,
résidence du Premier ministre.

Un concept purement français : l'hôtel particulier

À partir de la Renaissance, Paris et, à sa suite, les villes de province voient fleurir un nouveau type de demeures, ni vraiment palais ni vraiment maisons bourgeoises, que les aristocrates et bientôt les grandes familles nouvellement enrichies se font élever en plein cœur des cités.

C'est au XVIe siècle que prend forme le type « hôtel particulier » : un corps de logis rectangulaire établi entre cour et jardin, et relié à un bâtiment sur rue par deux ailes perpendiculaires qui encadrent une cour et qui abritent écuries et cuisines, plan qui connaîtra certaines évolutions au cours des siècles. Leurs commanditaires appartiennent à une élite rassemblant la noblesse de robe et d'épée, des banquiers, des hommes et des femmes « du monde ».

Installé dans la ville, l'hôtel particulier reste néanmoins en retrait de la rue, et s'il affirme une supériorité sociale, il le fait le plus souvent avec une certaine retenue et un amour de la discrétion qui veulent que « la cage soit proportionnée à l'oiseau », comme le recommandait Vauban. À Paris, ces hôtels se répartissent surtout entre le Marais et le faubourg Saint-Germain. Leur architecture convoque les meilleurs architectes et leurs décors raffinés, les artistes les plus réputés.

En province, l'élite suit le mouvement parisien et fait élever à la même époque de somptueux hôtels qui s'abritent derrière leurs porches. Aucune ville n'échappe à cette fièvre constructrice, et certaines d'entre elles en concentrent un nombre remarquable, comme à Aix-en-Provence, Montpellier, Albi, Bordeaux, Lyon, Besançon, Dijon, Auxerre, Nancy et bien d'autres encore...

[1] Le Vau sut tirer parti de la forme particulière de la parcelle dévolue à la construction en 1640 de l'hôtel Lambert, situé à la proue de l'île Saint-Louis, avec des décors de Le Brun et de Le Sueur.
[2] Dans le Marais, à Paris, l'hôtel de Rohan, présente au fond de la cour d'honneur une haute façade plutôt austère ; un passage, donnant accès à la cour des écuries, est surmonté d'un chef-d'œuvre, le bas-relief des Chevaux du soleil sculpté en 1638 par Le Lorrain [3].

1

2

3

1

2

3

Faubourg Saint-Germain, à Paris, l'hôtel Matignon (1722) présente une façade sur jardin avec un avant-corps central à trois pans couronné d'un fronton brisé portant les armes des propriétaires. Les aménagements intérieurs sont à la hauteur de l'enveloppe : ici, petit salon du rez-de-chaussée et grand escalier.

1

Bâtis au début du XVIIIe siècle, l'hôtel de Lassay [1] et l'hôtel de Noirmoutier [2] sont caractéristiques des hôtels du faubourg Saint-Germain, à Paris. Le premier est la résidence du président de l'Assemblée nationale depuis 1843 et le second celle du préfet de la région Île-de-France.

2

[1] Sur des plans de Le Vau et de François Mansart, la façade sur jardin de l'hôtel d'Aumont à Paris.
[2] Place Vendôme, à Paris, l'hôtel de Bourvallais est situé au n° 13 derrière les façades construites sur une architecture uniforme par Jules Hardouin-Mansart à la fin du XVIIe siècle.
[3] Dans le Marais, à Paris, Le Pautre sut utiliser avec habileté la forme irrégulière et exiguë du terrain pour édifier l'hôtel de Beauvais en 1655.

1

2

3

[1] L'hôtel des abbés de Cluny, dû à l'initiative de Jacques d'Amboise, abbé de Cluny (1485-1510), est l'un des plus anciens hôtels de Paris, avec l'hôtel de Sens, situé, lui, rive droite. Il abrite depuis 1843 le musée national du Moyen Âge. Ici, la voûte de la chapelle [2] et un détail du portail [3].

Deux hôtels dans le Marais à Paris : du XVIe siècle, l'hôtel Donon, vu ici côté jardin, présente les collections XVIIIe du musée Cognaq-Jay [1] ; chef-dœuvre de sobriété et de proportion illustrant le classicisme français, l'hôtel de Guénégaud (1651) dû à François Mansart, abrite, outre son superbe escalier, le musée de la Chasse et de la Nature [2].

[1] La façade sur cour de l'hôtel de Soubise, élevée par Delamair au début du XVIIIe siècle, présente une ordonnance classique d'une grande simplicité avec son avant-corps central à colonnes jumelées .
[2] et [3] L'hôtel Carnavalet est un bel exemple d'architecture de la fin de la Renaissance. Il abrite un musée consacré à l'histoire de la ville de Paris.

Deux hôtels vus côté jardin, l'un faubourg Saint-Germain, l'hôtel Biron [1], l'autre dans le Marais, l'hôtel Salé [2], le premier du XVIIIe siècle, le second du XVIIe siècle. Ce sont désormais deux musées, l'un dévolu à l'œuvre du sculpteur Rodin, l'autre à celle de Picasso.

L'hôtel de Sully figure parmi les plus beaux fleurons du Marais : sa façade sur la cour d'honneur est sculptée de reliefs d'une rare opulence [3] ; au fond du jardin, une élégante orangerie a été érigée en même temps que l'hôtel, vers 1625 [1]. [2] L'hôtel de Lamoignon, entre Renaissance et classicisme, abrite la Bibliothèque historique de la Ville de Paris.

1

2

3

L'hôtel de Sens (à partir de 1475), demeure des archevêques de Sens dont dépendait le diocèse de Paris, mêle à une certaine sévérité médiévale un décor sculpté flamboyant.

[1] et [3] D'un autre temps, l'hôtel Gaillard (1878-1884), illustre dans le goût Renaissance de l'époque l'engouement des grands bourgeois pour la plaine Monceau vers le milieu du XIXe siècle.
[2] L'hôtel Scipion-Sardini, bâti entre 1540 et 1565, avec sa galerie en pierre et brique, évoque l'architecture civile italienne de la Renaissance. Situé dans le Ve arrondissement, il abrita au XVIIe siècle la boulangerie des hôpitaux parisiens.

1

2

3

[1] À Bourges, le palais Jacques-Cœur, est élevé entre 1443 et 1451. C'est l'un des plus beaux exemples d'architecture civile du XVe siècle qui préfigure les hôtels particuliers de la Renaissance.
L'hôtel de Bagis [2] et l'hôtel d'Assézat [3] à Toulouse tous deux inspirés des exemples parisiens.
[Double page suivante]
Royal Crescent est un ensemble de maisons aux façades monumentales inspiré par les hôtels particuliers français. Aménagée entre 1767 et 1774, elle est devenue l'emblème de Bath.

Le palais Borromée sur la plus belle et la plus célèbre des trois îles Borromée, Isola Bella.

Une création européenne : la villa

C'est au XVIIIe siècle que réapparaît en Italie la notion de demeure de plaisance, autrement dit la villa, qui incarne l'idée d'une résidence luxueuse, dans une Arcadie propice au repos ou à l'étude. De là, cette forme d'architecture gagne l'Angleterre, la France, la Russie et les États-Unis…

Dans toute l'Europe, si certains continuent d'élever des châteaux, dès le XVIIIe siècle la construction de villas connaît un véritable engouement : les datchas russes, les villas palladiennes anglaises…

En France, si la Révolution n'éteint pas tout de suite le dynamisme constructeur qui, jusque-là, avait donné naissance aux châteaux, leur valeur symbolique est cependant nettement mise à mal. Et si quelques aristocrates rentrés d'immigration ou grands bourgeois fortunés s'offrent encore au XIXe siècle de somptueuses résidences qu'ils qualifient de châteaux en empruntant aux styles du passé, les villas se multiplient ici aussi. Liées pour une part au développement et à la vogue des bains de mer, elles affirment le nouveau pouvoir de leur propriétaire, celui de l'argent. L'empereur Napoléon III lui-même décide de faire construire à Biarritz non pas un château, mais une villa, la villa Eugénie, du prénom de son épouse. Au XXe siècle, c'est encore cette appellation de « villa » qui sert lorsque certains architectes novateurs font construire des résidences pour des commanditaires aisés, mais dont le propos n'est plus d'exposer leur pouvoir ni même leur fortune. Simple maison de week-end, la villa Savoye, n'a plus rien d'une demeure somptueuse : c'est, au dire même de son architecte, Le Corbusier, une « machine à habiter et à émouvoir » !

À Saint-Jean-Cap-Ferrat, la villa Île-de-France, léguée par Mme Ephrussi de Rothschild à l'Académie des beaux-arts dans les années 1930, a été érigée dans un style Renaissance italienne, comme en témoigne le patio intérieur.

[1] À Hyères, la villa Noailles, « petite maison intéressante à habiter », fut conçue par Mallet-Stevens dans les années 1920.
[2] Parallélépipède blanc ouvert de fenêtres à bandeau et surmonté d'un toit terrasse, la villa Savoye à Poissy (Île-de-France) fut conçue par Le Corbusier vers 1930. Son architecture se voulait d'abord et surtout fonctionnelle, lumineuse et ouverte sur le paysage alentour.

La villa Carlotta (1745) est particulièrement remarquable pour ses jardins en terrasses qui s'étagent au bord du lac de Côme, dont un jardin anglais réputé pour ses massifs de rhododendrons et d'azalées, ainsi que pour une salle des Marbres qui rassemble une belle collection de sculptures néo-classiques.

1

2

Toutes deux sur les rives du lac de Côme, la villa Balbianello de style Renaissance construite au XVIIIe siècle [1], et la villa Melzi, à Bellagio, dans un style néo-classique du XIXe siècle [2].

Lieu de villégiature proche de Rome et très prisé dès l'Antiquité, Tivoli n'a conservé que peu de vestiges de cette époque. La villa d'Este, en revanche, édifiée pour le cardinal d'Este au XVIe siècle, a conservé de somptueux jardins où rocailles et jeux d'eau composent un décor inoubliable. Avec d'autres, elle inspira par la suite nombre de palais.

Une autre villa d'Este, bâtie également pour un cardinal mais au bord du lac de Côme, fut transformée en hôtel au XIXe siècle : l'édifice d'origine a disparu, mais les jardins conservent certains aménagements du XVIe siècle.

Isola Bella est presque entièrement occupée par le grandiose palais Borromée. Ses jardins en terrasses ponctués de sculptures dévalent les pentes douces de l'île, une des îles Borromée dans le lac Majeur, un des endroits les plus enchanteurs des lacs italiens.

Le palais Borromée et ses abords à Isola Bella.

[Double page suivante] L'île San Giulio est à la mesure du petit lac d'Orta, proche du lac Majeur : sur trois cents mètres de long, elle est bordée de ravissantes demeures aux jardins en terrasses et dominée par le campanile de la basilique romane (Xe-XIe siècle) San Giulio.

Bâtie en 1912 dans le style de la Renaissance italienne, la villa Vizcaya située au sud de Miami rappelle, notamment pour ses jardins, la villa d'Este à Tivoli, près de Rome.

Monticello fut dessinée par l'auteur de la Déclaration d'indépendance américaine, Thomas Jefferson (1743-1826), près de Charlottesville en Virginie. Résidence de sa plantation, elle emprunte nombre d'éléments au grand architecte de la Renaissance, Palladio. Lorsqu'il était ambassadeur des États-Unis en France, Jefferson en avait effectivement profité pour visiter l'Europe et réaliser de nombreux croquis d'architecture qu'il réutilisa ensuite pour sa propre demeure.

Inspiré par la Renaissance française, Biltmore House, la plus vaste demeure privée des États-Unis située près d'Asheville, en Caroline du Nord, fut construite par George Washington Vanderbilt entre 1888 et 1895.

De style palladien, Chiswick House, à l'ouest de Londres, fut conçue par son propriétaire, le célèbre architecte Lord Burlington, et construite en 1726, tandis que les jardins sont dus à William Kent.

1

2

3

Résidence d'été de Nouvelle-Angleterre pour de riches familles, Newport Rhode Island a conservé un certain nombre de demeures : Ochre Court et The Breakers, proches l'une de l'autre et édifiées dans les années 1890, la seconde par les Vanderbilt.

Le château de Hluboka fut reconstruit au XIXe siècle dans un style néo-gothique inspiré du château de Windsor plutôt atypique... en République tchèque.

Une seconde vie pour des châteaux

Résidences des familles les plus prestigieuses, palais et châteaux furent parfois le siège d'événements, de reconversions et d'évolutions qui dépassaient leur propre histoire et leur destination première. Avec le temps, certains propriétaires durent, pour les conserver, accepter de les reconvertir...

La magnifique demeure du prince héritier Wilhelm de Hohenzollern connaît son heure de gloire lorsqu'elle accueille, du 17 juillet au 2 août 1945, Churchill, Staline et Truman, à la conférence de Potsdam où devaient être fixées les modalités de l'occupation de l'Allemagne. À Anif, en Autriche, le château a servi de lieu de tournage à un triomphe du cinéma, *La Mélodie du bonheur*. Birr Castle (Irlande) abrite le plus grand télescope du monde jusqu'en 1917 tandis que la Glyndebourne House (Angleterre) reçoit le fameux festival d'opéra et ses non moins fameux pique-niques, en robe du soir et smoking, sur des pelouses taillées aux ciseaux.

Mais nombre de châteaux devenus trop grands, trop lourds, trop chers ont vu leurs propriétaires baisser les bras. Reconvertis et parfois vendus, ces palais accueillent désormais une nouvelle aristocratie, celle des affaires, de l'argent et du show-biz, qui vient se délecter, se reposer, se cacher ou se montrer dans des architectures d'un passé révolu où les domestiques se sont effacés au profit du service d'étage, des réceptionnistes et des chasseurs. D'autres leur ouvrent leurs portes pour les régaler dans un somptueux décor néo-géorgien, victorien ou Napoléon III. Madonna ou les Rockefeller au château Skibo à Dornoch, dans les Highlands, quoi de plus chic !

Villa à l'italienne habitée par plusieurs générations d'Astor jusqu'en 1966, Cliveden (Berkshire) est désormais l'un des hôtels les plus extraordinaires d'Angleterre, avec vue sur la Tamise.

[1] Après la Seconde Guerre mondiale, l'élégante demeure de Greywalls, près de Muirfield, en Écosse fut transformé en hôtel.
[2] Dans le Sussex, le château néo-élisabéthain de Glyndebourne accueille depuis plusieurs décennies le plus « chic » des festivals d'opéra : on y pique-nique à la belle saison en robe du soir et smoking, mallette en osier et argenterie obligatoires !

1

2 En Écosse, Skibo Castle (Highlands) [1] et Balfour Castle (Shapinsay, une des îles Orcades) [2] furent reconvertis en hôtels : le premier, construit sur les ruines de l'ancien château par le célèbre industriel américain Carnegie, le second bâti au milieu du XIXe siècle autour de l'ancien édifice de la fin du XVIIIe siècle.

Érigé en 1720 et remanié au XIXe siècle, Adare Manor, en Irlande, l'ancien fief des comtes de Dunraven, accueille quelques hôtes privilégiés qui auront plaisir à flâner au bord de sa rivière ou jusque dans le village médiéval tout proche.

Au bord du deuxième plus grand lac d'Irlande où l'on pourra aller taquiner la truite, le saumon ou le brochet, Ashford Castle (Mayo), résidence des Guinness jusqu'en 1939, ouvre désormais ses portes aux amateurs de nature vraie... et de séjours très confortables.

Dans le comté de Waterford (Irlande), les ducs de Devonshire ont décidé d'ouvrir le château de Lismore qu'ils occupent depuis 1753. Celui-ci domine une charmante rivière et un superbe panorama sur les montagnes Knockmealdown.

Dans le comté de Wicklow, souvent qualifié de « jardin de l'Irlande », le château de Powerscourt renferme probablement l'un des plus extraordinaires jardins qui soient... et l'un des plus beaux parcours de golf au monde.

[1] Birr Castle (Irlande) ouvre au public ses admirables jardins qui abritent un télescope géant : celui-ci fut, de 1845 à 1920, le plus grand d'Europe.
[2] et [3] Derrière ses hautes tours du XVIe siècle, le domaine de Dromoland Castle (Irlande) a été transformé en hôtel.

1

Au cœur de la Californie, à San Simeon, un palais « antique »... et mégalomaniaque commandité par le magnat de la presse, William Randolph Hearst, figure qui inspira le personnage joué par Orson Welles dans *Citizen Kane*.

2

La Casa Loma fait partie des nombreux « hôtels-châteaux » construits entre 1911 et 1914 à Toronto par un excentrique homme d'affaires. Ce manoir de 98 pièces accueille aujourd'hui les bureaux d'une organisation caritative. Il a pour modèle le château Frontenac (Québec) [double page suivante] construit au XVIIe siècle. Ce dernier a subi de nombreuses modifications et c'est aujourd'hui un hôtel de luxe.

PRINCESSE LOUISE
BAR LAITIER
BAR LAITIER

Avant d'être un hôtel de luxe, le château de Cecilienhof édifié dans un style anglais... improbable abrita la conférence historique de Potsdam de 1945.

[Page de droite]
Le château d'Anif, en Autriche, est surtout connu depuis qu'il a servi lors du tournage d'un fameux film vu par des générations d'enfants et qui raconte les aventures de la famille Von Trapp, *La Mélodie du bonheur.*

D'abord résidence impériale sise à Biarritz et commanditée par Napoléon III en 1855, la villa Eugénie, du nom de son épouse Eugénie de Montijo, est devenue un hôtel de luxe, l'hôtel du Palais.

1

2

[1] En République tchèque, les Schwarzenberg reconstruisirent au XIXe siècle le château de Hluboka dans un style néo-gothique inspiré du château de Windsor.
[2] Le Grand Hôtel à Marienbad, lieu de prédilection de Goethe, Chopin et Édouard VII.

À une centaine de kilomètres de Delhi, l'ancienne forteresse de Neemrana, bâtie à partir de 1464, est située au Rajasthan. Ses terrasses successives s'accrochent au flanc d'une colline...

...L'ensemble a été admirablement restauré à l'identique et reconverti en hôtel de luxe... et de charme.

[Page de gauche] Un agréable patio a été aménagé dans la forteresse de Neemrana (Rajasthan, XVe siècle).

Le domaine de Mamoun, calife de Fès qui l'avait reçu en cadeau de noces de son père, remonte au XVIIIe siècle. De cette propriété ne subsiste que le parc d'une dizaine d'hectares et un petit pavillon. Il n'empêche : la Mamounia est un palace de légende construit dans les années 1920 où se mêlent Art nouveau et style marocain traditionnel. Nombre de célébrités de l'entre-deux-guerres le fréquentèrent, de Colette à Joséphine Baker, d'Édith Piaf à Churchill. C'est là aussi que résidaient James Stewart et Doris Day dans *L'homme qui en savait trop* d'Alfred Hitchcock.

Index

Crédits photographiques

Toutes les photographies de cet ouvrage proviennent de l'agence Corbis sauf :

© Fotolia : 47, 53, 56, 57, 65, 72, 73, 82, 148, 149, 156, 164, 173, 174, 175, 180, 182, 183, 188, 189, 190, 194, 195, 196, 218, 219, 242, 260, 261, 262, 267, 284, 285, 288, 290, 298, 299, 321, 322, 329, 330, 331, 335, 342, 351, 360, 366, 372, 421

© Istock : 52, 83, 86, 87, 94, 98, 99, 102, 105, 113, 116, 119, 132, 133, 182, 185, 209, 241, 253, 255, 260, 261, 262, 266, 268, 271, 274, 275, 292, 300, 313, 314, 315, 327, 328, 334, 335, 351, 359, 360, 366, 368, 373, 375, 376, 390, 395, 396, 422, 430, 433, 436, 445, 451

© Gilles Targat : 401-412

D.R. : 39, 40, 41, 147, 157, 176, 194, 263, 301, 413, 419, 421, 438, 450

Dans la collection 1 001 photos :

Les Animaux de la ferme / Les Avions / Les Bébés animaux / Les Chats Les Chevaux / Les Chiens / Le Cyclisme / L'Égypte /Les Fleurs / Le Football La France des villages / La Mer / Les Merveilles de la France Les Merveilles du monde / La Montagne / Les Motos de rêve Les Oiseaux / Paris / Le Rugby / Les Trains / Les Voitures de rêve

Achevé d'imprimer en avril 2009
Imprimé en Espagne

[1001 photos]